AF562172

# LE THÉATRE

DE

# L'A-PEU-PRÈS

IMPRIMERIE D. BARDIN, A SAINT-GERMAIN.

# LE THÉATRE

DE

# L'A-PEU-PRÈS

CHANGEMENTS A VUE
TRAPPES ET PRATICABLES

PAR

*LE COMTE D'OSMOND*

PARIS
E. DENTU, ÉDITEUR
LIBRAIRE DE LA SOCIÉTÉ DES GENS DE LETTRES
PALAIS-ROYAL, 15-17-19, GALERIE D'ORLÉANS

1878

# LE THÉATRE
# DE L'A-PEU-PRÈS

## OUVERTURE.

Avez-vous jamais vu à la campagne les préparatifs d'une *comédie de société*, organisée l'automne par des oisifs ou des prétentieux? Chacun réclame un *rôle*, et c'est bien naturel... Mais c'est toujours celui qui va le moins bien qu'on désire jouer!... On s'agite, on se dispute, on se remue!... Le télégraphe gémit sous les dépêches adressées à Moreau ou à Delphine Baron... et ce n'est qu'au dernier moment qu'on se préoccupe de la plus grande difficulté... la question *du public*... Or, comme on n'a guère de choix, on se contente du *vieux grand-père*... Et M. le curé... le fermier du château... renforcés du père Jean, le valet octogénaire... complètent les spectateurs forcés dont on a besoin... Quant aux acteurs... dorés sur tranches... et qui font du costume leur seule préoccupation, ils étaleront leur galbe devant ces braves gens qui ne comprennent plus, ou ne comprennent pas encore. — On les aurait en fer-blanc ou brodés en tapisserie... que pour la troupe ils feraient le même effet et rempliraient le même but !! — la pièce n'ayant aucune importance.

Il faut bien se le dire, et c'est du dernier bouffon, la comédie n'est plus au théâtre... elle est partout en France, et chacun oublie le fameux adage de M. de Metternich : « *Applaudir de la loge, se faire applaudir sur la scène !!* » Ah! bah!... la loge n'existe plus!!!... Au fond, on y passe trop inaperçu, et de nos jours les natures ardentes et politiques ne se contentent plus du calme de l'admiration muette.

« *Marchand d'habits! habits... vieux galons...* » C'est le cri du Français, proféré pour le Français... galons partout... applaudissements sans cesse!... Quant au *public!!!*

Au besoin un seul bonhomme suffit, tête de cire obligatoire... opinant du bonnet... et qui doit se réjouir des *parades* des autres!! Qu'importe son opinion!!

Le personnage actuel des tréteaux politiques

s'inquiète peu de la réussite de la pièce!! son rôle est tout : le talent il n'en a pas besoin ; les oripeaux suffisent... il joue... il s'appuie sur les planches... il s'entend... le reste du monde peut crouler... il a trouvé sa place... il s'y plaît, s'amuse, et se dore des pieds à la tête. — Doit-il donc se gêner?... Qu'il ânonne son couplet des faubourgs ou qu'il le chante... le *romain* forcé du parterre n'est pas là pour juger... il assiste... de par la liberté, qu'on lui donne de se taire...

Comme pour le théâtre de société... on se passe d'avis!!!... Le père Jean et le fermier voisin ont eu la pudeur de rester muets devant les productions du châtelain et de ses hôtes... et c'est bien pour cela qu'ils sont *invités*. Les républicains... entendent le théâtre de la même manière, et leurs succès... ne peuvent s'étaler que devant le mutisme de spectateurs... qui, en sortant de la salle, prennent facilement les *Charbonniers* pour le *Misanthrope*, tout comme l'électeur confond les *Bouilleurs de cru...* avec les *Trrrravailleurs de la pensée*. — Vraiment!! il y a encore de beaux jours pour les *Paillasses* en France... et le *Théâtre de la foire* est aussi prospère qu'au temps des *Raffinés*.

Aussi!... la société moderne a pris pour Théâtre modèle ce beau et grand pays qui se nomme la France. Elle en a fait une école où s'élèvent les acteurs cosmopolites, qu'elle choisit plus tard pour en faire des professeurs..... de barricades !...

Cette *Académie de cabotinage*..... se recrute partout. Les coulisses de son théâtre vont de la Méditerranée à l'Océan... La vieille Gaule n'est plus qu'un vaste tréteau... où chacun à son tour... défile dans la joie de ses galons... dans les ivresses du son personnel. Mais, comme dans cet immense *boui-boui*, tout le monde commande sans directeur à la tête, sans régisseur pour régler les fonctions... il va sans dire... que les exécutions vont à la diable...

J'ai pensé qu'il n'était pas sans intérêt... de pénétrer derrière la toile et d'esquisser à grands traits les silhouettes et les scénarios... des comédiens et de leurs comédies !... — Ce spectacle dans un fauteuil... en valant bien la peine... pour ceux qui savent pleurer d'un œil en riant de l'autre.

---

## L'ADMINISTRATION.

Depuis des siècles... il est avéré par les gens de bonne foi... que c'est le système monarchique qui a doté la France de sa remarquable administration. Cette administration, sous les rois... et de par la quasi-stabilité de ses employés, est devenue le rouage gouvernemental le plus important et le plus précieux, et l'œuvre aurait été complète si on avait su donner aux différents agents la propriété de leurs grades administratifs... comme l'officier de l'armée possède le sien. — Sauf les cas de désobéissance, de déloyauté ou de trahison, le gouvernement aurait dû placer ses agents dans une situation définitive que rien ne pût ébranler. — Cette critique, il faut le dire, malgré son importance... est la seule qu'on puisse faire à cette admirable organisation du ministère de l'intérieur.

Mais,.. la république de *nom* ou de *fait* nous

est-arrivée un beau jour et alors, pour le plus grand bonheur de la masse avide et affamée... pour la plus grande satisfaction des créatures que tout ministre traîne derrière lui... ou qui le précèdent... nous avons vu le répugnant spectacle des mutations provinciales... des va-et-vient continuels, des révocations ou des mises en disponibilité. Quittant l'idéal des traditions, — cet idéal qui fait les grands peuples... les pays puissants, et produit les indiscutables individualités — la République, née de la matière, s'est plu à appuyer ses forces sur les jouissances instantanées. Déplaçant toutes les lois de l'attraction, cette grande... *fille* qui se donne à tout le monde... a ouvert ses bras... non pas au dernier et plus cher enchérisseur, mais à tous les appétits... de la rue, à tous les coryphées du grand tréteau.

Le procédé de réforme n'a pas été long!!... « *Là où il fallait un savant on choisit un dan-* « *seur...* » toujours la même plaisanterie mise en action.

Le pouvoir ministériel... envoya donc en province... tout ce qui piaillait pour avoir une place, tout ce qui désirait débuter sur les planches, et la pauvre France se trouva dotée un beau matin... d'une cohorte ignorante, mais costumée!! qui fut presque aussi surprise d'être dans l'administration, qu'elle de l'y voir. — A Paris, grâce à la centralisation, grâce aux uniques préoccupations de la tribune, qui tiennent sous le joug nos ministres parlementaires, on donne peu de temps à ces vils détails. — Les vanités satisfaites... les ombres chinoises évanouies et remplacées tour à tour, les scénarios renouvelés, qu'importe le résultat... — Les ordres sont donnés *à peu près*. — Les difficultés personnelles de ministres forcément orateurs... les empêchent de voir si loin. — L'administration des départements marche au hasard; le travail est nul, et l'œuvre des siècles dégringole de chute en chute, de secousse en secousse, de sifflets en sifflets, à la plus grande indifférence de passants galonnés... dont le public sait à peine le nom; et qui seront balayés en une seconde... lorsque le vent qui vient de Paris aura tourné. — Les autres... ceux qui attendent, les affamés!... viendront alors à leur tour les remplacer et réjouir à nouveau la province... qui ne comprend pas encore la nécessité... de subir cette troupe nomade absolument étrangère à ses intérêts, et si peu faite pour la rassurer et lui plaire!!... en dehors de l'époque des foires!!...

---

## PRÉFETS ET SOUS-PRÉFETS.

Ces situations si honorables... et qui devraient être occupées gratuitement... par des hommes éminents et dévoués, deviennent de nos jours ce qu'on nomme au théâtre : les *utilités*. — Il y en a... qui, portant la particule et pour de justes raisons désavoués de leurs pairs, se sont blottis sous la jupe de la République... en demandant une modeste récompense pour leur apostasie!! Comme au fond... cette grande *viveuse* aime les noms qui lui semblent ronflants sans y regarder de trop près, elle est assez fière de produire de tels amants... et en dote la province... avec un sans-façon qui sent d'une lieue son petit air régence. Le protégé... ne voulant pas rester en arrière, en fait de courtoisie... devient immédiatement écarlate pour plaire à sa Dulcinée.— Rien ne l'arrête dans la voie nouvelle, il faut s'y faire remarquer. — Alors... il tranche du tyran au petit pied. — Ne pouvant être reçu par les gens de bien, il fréquente la canaille, et pour se venger de cette humiliation, qu'il subit avec rage, il s'en prend naturellement à tout ce qui est propre dans le département... et pendant ce temps-là le ministre bavarde toujours à la Chambre!!! La préfecture ou la sous-préfecture va à *la diable*, rien ne se fait, les affaires s'entassent.

L'administrateur, lui, trébuche dans l'obscurité, se heurtant à tous les obstacles; il déteste au fond cette République... qui le condamne au vin bleu, et aux voyous de la ville... il patauge dans les ornières sans savoir son rôle!! et souvent se fait dire, comme certain préfet de ma connaissance, par un vieux serviteur aussi conservateur que décrépit, et qui n'a jamais quitté la préfecture : « Croyez-moi, monsieur le préfet, M.****, « sur lequel vous me demandez des détails, est « au fond un très-brave homme, il n'est pas plus « *républicain que vous et moi.* » Aussi, combien il en a vu mourir... ce digne concierge... spectateur forcé des grandeurs et des décadences administratives. — Plus d'un favori du ministère sera de son avis, mais forcément il devra marcher cahin-caha... au petit bonheur... pour la plus grande satisfaction des frères et amis... et l'épatement du conseil de révision.

Vous trouvez souvent aussi — trônant dans un

arrondissement quelconque — un autre type qui n'est pas moins curieux : c'est le monsieur dont le rêve a été toute sa vie de porter un képi et un pantalon à bandes. — Le plus souvent ce gaillard-là n'est pas un méchant garçon. — Destiné dès sa jeunesse à faire dans les *huiles* ou la *cassonade*, boursier d'un *bahut* parisien... il a grandi avec ses aspirations!! et ses aspirations!!! *c'est d'avoir une place.* — Or, comme il ne sait rien!! qu'il a été paresseux toute sa vie!! il est tout naturel qu'à l'aide de la protection d'un ancien ami, devenu puissant et qu'il a connu jadis dans une *brasserie de l'avenir*, on l'ait fourré dans une sous-préfecture. — Il s'entend à conduire son arrondissement, comme une sole à jouer aux dominos!

Il n'importe! Sa raie est consciencieusement faite au milieu de la tête, et il a la prétention de captiver le beau sexe de la ville. Ce jeune homme soigne son linge, ne quitte jamais la canne à pomme d'ivoire, et promène sa vanité et son képi de commune en commune sans comprendre un *mot* de ce qu'on lui dit. — Comme il est privé de particule, il n'a qu'une idée... c'est de monter plus haut; et il cherche naturellement, par tous les moyens possibles, à se frotter aux grands propriétaires du pays en faisant de belles connaissances!! Pour cela... il s'ingénie à satisfaire « *le monsieur du château*, » empêche les *battues* réclamées par les braconniers voisins. — Mais comme il ne sait ni rédiger un rapport, ni prendre un arrêté, c'est le régisseur de M. le comte qui se trouve obligé de lui dicter sa besogne. Les affaires... il ne s'en occupe guère... la République étant en résumé le cadet de ses soucis. « *J'y suis, dit-il... je voudrais bien y rester...* » et pour cela, il n'est pas de courbettes qu'il ne fasse aux puissants de la terre. — Ce type soliveau est encore le moins mauvais et ce sous-préfet par *approximation* et *à effet!!...* représente bien le goût des planches appliqué aux fonctions gouvernementales ! C'est malheureusement bien français !

En poursuivant nos recherches, nous trouverons aussi le sous-préfet besoigneux... le pauvre diable, surchargé de famille et vivant uniquement de sa place. Généralement c'est un brave et digne homme, conservateur par principes... mais qui se badigeonne de républicanisme pour manger. — Celui-là, bien entendu ! avec ou malgré son faux nez, ne satisfait personne; le pouvoir le trouve tiède, les gens d'ordre l'évitent. Ni chair ni poisson... il est nécessairement condamné à l'impuissance.

Et maintenant, pour finir cette esquisse fort estompée de l'*administration départementale*, il faut avouer que les juges de paix, les ingénieurs, les agents voyers, les maires et les conseillers généraux... qui nous sont accordés au nom du progrès et d'une liberté qui n'existe que de nom!... pataugent aussi à qui mieux mieux... dans un cercle vicieux... où le travail, le patriotisme, l'exactitude et le sentiment du devoir sont absolument mis de côté. — L'esprit d'examen... qui est la façon la plus polie de colorer la désobéissance... leur fait négliger l'exécution des ordres reçus! — Chacun les commente, ou les discute... et si un pont par-ci, une route par-là, une délibération de ce côté, un rapport plus loin, sont mis aux oubliettes... cela n'empêche pas le *ministre* de lâcher à la Chambre le discours à jet continu qu'il tient toujours en poche.

La République ne procédant que par rayons lumineux partis de son centre éclatant, trouve inutile de se perdre dans les détails.— Lorsque le cabinet est content de lui, la France doit se sentir satisfaite.— La ville, le chef-lieu de canton, le village, le hameau... n'ont-ils pas la joie de lire au *Moniteur des communes*... les paroles émues, prononcées la veille ou l'avant-veille par le sauveur du moment... M. le ministre de l'intérieur!!!... Et vous oseriez plaindre un public qui a l'honneur d'applaudir nos grands artistes d'un bout de la France à l'autre!! Il me semble que c'est bien joli comme ça!

## L'ARMÉE.

Nous voici... devant l'institution la plus éminemment française, et je lui ôte tout d'abord mon chapeau jusqu'à terre. Ce dernier élément conservateur est devenu le seul refuge des loyautés!... l'unique consolation des braves gens!!... — Cependant je dois constater, les larmes aux yeux... que si en masse l'armée est à la hauteur de toutes les circonstances, elle pèche souvent par le détail, et en tout cas n'est pas généralement dirigée d'une façon bien heureuse... Il faut se rendre compte de la vérité!!! La direction et le but font défaut presque toujours!! et cette désorganisation a commencé sous l'Empire!!... Je ne veux pas parler de l'empire au temps des Morny et des Billaut, mais de l'empire faisant de la révolution, — peut-être sans le savoir. — Si je consens à cette réticence, c'est que plus d'une fois dans les dernières années de l'empereur Napoléon III, les idées avancées ou malsaines, les désordres d'esprit et de moralité, se sont faufilés inaperçus, dans l'armée, à travers la bonté naturelle du souverain. La grosse caisse frappée continuellement empêche d'entendre l'harmonie générale, et la légende napoléonienne sans cesse étourdissant la majorité sans tache des défenseurs du pays, a troublé bien des consciences qui, de sang-froid, auraient compris les choses tout autrement.

Entrons maintenant d'emblée dans les grands drames militaires de l'empire. Après la Crimée — qui fut un succès sans aucun résultat... puisque aujourd'hui les Russes sont devant Constantinople !! — nous allons au Mexique et chacun se souvient de ce triste retour dont la prudence semblait une lâcheté. — Quant à l'épilogue, il est écrit en lettres de sang sur les murs de *Queretaro*. — Si nous évoquons maintenant les souvenirs de la campagne d'Italie, notre patriotisme prononcera seulement deux noms : Magenta, Solferino... Mais le but, où est-il ? « L'*Italie libre jusqu'à l'Adriatique* » devient un mot de scène... et qui ferait fortune au Cirque !!... Que reste-t-il donc ?... Qu'avons-nous recueilli ? — La haine de nos alliés les Italiens... la jalousie et l'envie. — Et plus tard lorsque... par un hasard inimaginable, on arrive, par des circonstances où la France sert d'intermédiaire, à leur céder la Vénétie... que fait cette nation reconnaissante? Immédiatement elle profite de nos désastres pour détruire l'influence de la Gaule catholique en investissant le Vatican à la plus grande joie des purs républicains!!... Ceux-là évidemment les vrais Français. — Enfin, pour que la comédie soit complète, Victor-Emmanuel meurt, on lui fait à Paris des funérailles souveraines, pendant que la diplomatie italienne, qui rit sous cape, guette Nice et la Savoie pour tomber dessus à notre première distraction. — Voilà ce à quoi on est arrivé avec notre belle armée... cette armée... qui était à Fontenoy... à Austerlitz... en Afrique... en Chine... d'un bout à l'autre du globe!!...

En passant maintenant vivement aux détails... qu'opposons-nous aux Allemands, dans cette triste guerre de 1870? Une artillerie héroïque qui se fait tuer.... mais dont les coups ne portent pas. Une infanterie qui se fond, perdue dans des cadres superbes... sur le papier. Régiments microscopiques dont les hommes sont partout, et nulle part. Une cavalerie ardente mais qui ne sait ni monter, ni diriger, ni soigner son cheval. — Des généraux, des colonels, laissés pour la plupart du temps sans ordre, sans direction et qui confondent la géographie avec la bravoure : « *La pointe de mon sabre m'indiquera le chemin...* » et avec cet élan très-respectable... on prend... les vessies pour des lanternes. — L'Intendance !!... Où la trouvez-vous dans la dernière guerre ? Un peu au commencement... Mais quand le patriotisme français proclame le 4 septembre en abandonnant son souverain prisonnier, l'intendance fait comme le reste... et se fige au milieu d'ordres et de contre-ordres... produits républicains des affolements du dictateur.

A ce moment suprême, d'un peuple défendant ses foyers, il fallait à la France un *idéal.* — Immédiatement elle a accepté le *gouvernement de la Défense nationale.* — Le « *Mit Gott für Kœnig und Vaterland* » a donné la victoire aux Prussiens. — L'*Art de réussir...* que le 4 Septembre a mis en relief... ne pouvait faire sortir des bataillons du néant, ni produire l'enthousiasme. — On remue les masses avec une pensée gravée sur les schakos ; — on ne défend pas son pays, sous l'unique préoccupation personnelle de s'asseoir à *Tours* sur du velours d'Utrecht en se couronnant de lauriers. — Chacun sait la triste défense que la France a pu faire, avec des souliers de carton, et des fusils qui ne partaient pas. — Demandez-le aux Bretons !...

Mais jetons un voile noir sur cette triste époque. — On dit que l'armée travaille et travaille beaucoup — Tant mieux si cela est ainsi! Mais avant tout qu'elle ne néglige pas la discipline et l'obéissance passive. Le soldat n'a jamais à discuter les ordres. Toutefois, comme le dit une chanson connue, « *N'oublions pas que nous sons en république*, « époque où le soldat est vite désavoué au bénéfice du parlementarisme. — Voilà une pierre plus grosse qu'on ne le croit, qui se place souvent sous la roue et arrête la carriole de l'État, — si l'on n'y prend pas garde!!!...

Est-ce donc en république que vous pouvez exiger de la troupe le respect de la tenue, l'élégance et la propreté, ces trois choses qui font le soldat? — Car, il n'y a pas à dire, l'habit, de tout temps, c'est le moine. — Est-ce en république que vous pouvez empêcher l'officier de se mettre en *bourgeois?* puisque ressembler à un *bourgeois,* c'est le *nec plus ultra* du génie humain et le desideratum au yeux de la France progressiste. — Et cependant, à tout prendre, ce pauvre officier ferait mieux de porter, et de bien porter l'uniforme qui en fait quelque chose et quelqu'un. — En civil, le plus généralement, il borne son horizon à *la Belle-Jardinière!!* Alors... il devient *à-peu-près* bourgeois, et *à-peu-près* militaire, dans un pantalon noir étriqué et sous sa cape de velours. — Ne vaudrait-il pas mieux, pour lui comme pour nous, que les traditions des grandes puissances militaires soient suivies en France dans l'application de la tenue réglementaire?

Mais pour cela n'habillez pas l'armée comme des infirmiers du Gros-Caillou! Ne la laissez pas mourir de faim! Donnez-lui de l'or et des habits bien faits. — Des gens qui se font tuer comme ils savent le faire doivent rester parés devant la mort!!... Ce serait de la mise en scène de bon aloi et qui ne sentirait plus le tréteau. — Avec l'égalité des uniformes, on tue l'esprit de corps. — Donnez des brandebourgs!! donnez-en beaucoup! et défendez mieux Paris. — Que les polytechniciens soient condamnés au silence. — Supprimez les planches, vous aurez vite dégoûté le public. — Et bientôt alors, avec le suprême instrument dont le clavier est sous les doigts du ministre de la guerre, vous entonnerez à nouveau un chant de gloire!!... Mais... excusez-moi! pour cela il ne faudrait pas être en république... c'est-à-dire sur un talus où les culbutes ne se comptent plus!!!... Allez!! vous avez beau dire à Pitou ou à Dumanet: « *Mes frères, vous travaillez pour la chose publique!* » c'est comme si vous leur parliez hébreu, et ils comprendraient mieux ce qu'Henri IV voulait dire lorsqu'au lieu de discourir il montrait à la troupe le « panache blanc » qui les menait à la victoire. Que les plaines d'Arques sont loin du Bal Corlieu!

## AVOCATS. — HOMMES D'AFFAIRES.

C'est maintenant le moment, je crois, de faire entrer en scène ce corps nombreux qui, au premier abord, semble d'une utilité sans conteste et devrait être si respectable et si respecté. — Certes... nous y trouverons çà et là de grandes figures, de beaux caractères et des personnalités hors de toute critique... Mais à côté de ces *virtuoses* de la parole, que de cabotins de la basoche!!! Pour ceux-là le cabinet, l'étude, devient un *Forum*, une place publique... une tribune, dont ils abusent singulièrement... depuis quelque temps.

Vous croyez peut-être qu'un avocat a été créé pour plaider vos affaires? Grave erreur... D'abord il les connaît rarement... et ne cherche guère à les approfondir. Le prétoire, pour lui, est un escalier qui n'existe que dans les procès politiques; il s'en sert alors comme d'un marchepied indispensable, et le bonhomme assez fou... pour lui confier une cause dont dépend sa fortune... fait complétement fausse route. J'ai vu souvent perdre des procès devant le Conseil d'État, pour avoir été plaidés par des avocats, et les gagner lorsqu'ils étaient simplement défendus par la partie intéressée, n'ayant pour tout secours qu'un peu de bon sens et beaucoup de loyauté ! La scène avec public... voilà ce que recherche cette nouvelle basoche.

Les effets oratoires... les reproductions de discours politiques à sensation... que le journalisme répand dans toute la France, voilà le moyen. Le but est la députation. De là au ministère il n'y a qu'un pas à faire et celui qui, jadis, a pu être léger saute-ruisseau n'est pas gêné pour si peu. Il faut avouer qu'après cela, il ne reste pas grand temps pour l'interprétation du Code. Et les affaires embrouillées, la procédure reléguée au fond de la pensée, n'ont plus guère le don d'intéresser ce corps absolument nécessaire aux discussions d'intérêts.

Si, parmi eux, il en est encore quelques-uns... qui s'adonnent en entier à la jurisprudence, je le répète, ce sont les rares... et nous devons d'autant plus nous incliner devant eux. Mais ! ! ceux-là, ne paraissent pas en scène... la France-public... les connaît à peine... et c'est là leur gloire. Les autres !!! les purs, qui ne pourraient ni débrouiller une affaire, ni donner un conseil !!! sont nécessairement les hommes que le pays choisit pour lui donner un avis et le tirer d'embarras. Ces gaillards-là, qui ne savent même pas défendre les volontés dernières d'un mourant, s'arrangent... pour mettre en délire le suffrage universel... qui les charge sérieusement, ce qui paraît peu croyable, de replacer la France dans l'équilibre européen ! Vous les trouvez faisant des traités ou commandant des armées... Ils feront des veuves... et ne défendront pas l'orphelin. Après tout, ils ont peut-être raison, car le public, lui, ne bronche pas !!! Assourdi quotidiennement par le tapage de leur crécelle... il s'est sans doute coagulé... comme sous l'empire de l'éthérisation, ou se tient modestement dans un coin ; et n'ayant pas les artifices de la parole... il n'ose placer un mot... Ce silence ou ce sommeil suffit amplement à ces hommes politiques qui parlent pour ne pas être discutés et dont les larmes de crocodile ou les enthousiasmes guerriers cessent d'ordinaire... derrière le manteau d'arlequin...

---

## LES FINANCIERS.

Je crois que cette puissante cohorte se trouve à sa place près de l'avant-scène, côte à côte avec les avocats, car les uns et les autres ont plus d'un point de contact. Alexandre Dumas a dit quelque part : « Les affaires, c'est l'argent des autres... » Un de mes amis, plein d'*humour*... prétend que « lorsqu'on veut initier quelqu'un aux grandes « entreprises, il faut d'abord lui faire acheter un « grand-livre... en lui indiquant d'écrire en tête « de la page de gauche le mot « avoir... » Là, lui « recommande-t-on, vous avez soin d'inscrire « ce que vous gagnez. Puis, à la page de droite, « au lieu de mettre : « Doit... » vous vous effor- « cerez immédiatement de le fourrer dans l'œil « de l'actionnaire. » Cette définition aussi simple que logique... me paraît irréfutable, l'actionnaire actuel se prêtant de lui-même, et avec une grâce parfaite, à cet éborgnement volontaire. Ceci fait, vous pouvez mettre en action la pommade au guano, ou le trésor de la Terre-de-Feu, le bitume du Maroc, ou le lait Mamilla, l'allèchement est invariable!!! l'actionnaire ne recherchant jamais la vérité.

En ce temps bienheureux de *bouillabaisse sociale,* il se passe un fait des plus curieux, qui me paraît passer par trop inaperçu. — Jadis les financiers n'entreprenaient une affaire importante... que lorsque le calme politique était complétement assuré. — Aujourd'hui c'est tout différent. — Les parlementaires donnent la main aux princes de la finance et forment une sorte de société anonyme. — Les ambitions en jeu, l'avenir même de la France, sa sécurité, tout est utilisé maintenant pour faire un coup. Il y a beau temps que le cours de la Bourse ne sert plus de pulsation à l'opinion publique... Aujourd'hui les grandes affaires, les puissantes sociétés à former, toutes les entreprises inénarrables marchent, cela va de soi, au milieu, non, veux-je dire, à la faveur des affolements et des troubles politiques. — L'idéal moral!! n'étant nulle part, la matière triomphe, et les moyens sont tous excellents pour le but proposé. « *Après moi la fin du monde...* » dit le joueur... qui se sert de tout ce qu'il trouve sous sa main...— Et le public ouvre la bouche... Parfois on lui fait mâchonner quelques miettes... et comme il s'en contente... les autres seraient bien bêtes de ne pas recommencer. — Nous avons eu jusqu'ici l'art appliqué à l'industrie, nous pourrions appeler le mouvement actuel le parlementarisme appliqué aux affaires d'argent... ou *vice versâ* si cela vous convient davantage.

Qu'importe du reste aujourd'hui à celui qui arrive d'être plus ou moins estimé?... Il est riche, il n'en demande pas davantage... Il est *à-peu-près* salué, *à-peu-près* reçu... dans un monde quelconque. Il est assuré de fort bien établir ses enfants!... On oublie si vite en France!! — Et dire que la calinotade publique veut prendre comme base de l'opinion les avis, la situation, ou les ténébreuses combinaisons de ces gens-là. — C'est à ne pas le croire... et c'est pourtant comme cela. — La bille d'ivoire de la roulette me semble bien plus sûre, étant donné le hasard, et en tous cas plus respectable, — car lorsqu'on est hors de la route, ne vaudrait-il pas mieux carrément faire de la fantaisie?

La République ne l'entend pas ainsi, et a su jusqu'ici dresser ses spectateurs à comprendre toute chose d'une façon spéciale. Le *jeu* est immoral, dit-elle! et la seule combinaison, le seul progrès que cette forme austère de gouvernement puisse admettre, gît dans un bien-être progressif et matériel... que doivent uniquement atteindre ses capitalistes de fait ou d'intention. — Elle n'y regarde pas de si près! Le public des provinces est bon tout au plus à faire vivre la France, en labourant le sol et en payant les impôts. Les autres la font mourir!!! c'est un détail!!... en remuant un argent rarement à eux... Mais!! aussi comme ils doivent rire... en rentrant dans les coulisses de leur grande baraque... où, chaque jour, place de la Bourse, on fait la parade de deux à quatre heures. Si ce n'est pas de l'*opportunisme* de première classe... je ne sais pas ce que ce mot signifie!!

---

## LES MÉDECINS.

Inclinons-nous tout d'abord devant ces hommes d'élite de la chirurgie française : les Dupuytren, les Velpeau, les Nélaton! devant ces grands chercheurs ennemis de l'*à-peu-près*. Car l'*à-peu-près* pour eux c'est la mort du patient. — Saluons... ces illustres passionnés de la réussite et de la vérité mathématique qu'il ne faut pas confondre avec... ce qu'on nomme vulgairement les *médecins*. — Ai-je besoin de dire, une fois de plus, que l'exception, même la grande et très-honorable exception confirme la règle et qu'à Paris comme en France il est encore heureusement des docteurs dont l'indiscutable talent égale la hauteur du caractère? — Mettons-les vite de côté.

Mais l'aveuglement qui semble frapper la génération actuelle... pousse tout élève en médecine à trouver en lui, avec une complaisance sans bornes, l'étoffe d'au moins un ou deux Mirabeau, ou *Mirabougre...* comme le surnomme toujours un de mes amis !... Officier de santé — Médecin sans clientèle — Vétérinaire au besoin (lorsque le chrétien fait défaut), vous trouverez, chez ce chœur de carabins !! sorte d'avocats de la santé... la haine la plus profonde pour les malades et la maladie. — Les remèdes... ils n'y croient guère !... ou les ignorent !... et ils n'écoutent jamais... les plaintes des malheureux que la Providence leur amène par hasard. — Sans valeur, ne comprenant pas que la science (comme elle est entendue par les Académies allemandes) est le fruit des patientes études, ils sont nécessairement les plus grands ennemis du travail. — Les recherches ne les attirent pas. Le résultat a peu d'attraits pour eux !! Aussi !! que peuvent-ils devenir en exécutant si mal une si belle et si philanthropique mission !!!... Vous l'avez deviné... des *hommes d'État !!*

Avec une clientèle, si petite qu'elle soit... ils cacheront leurs idées avancées sous un air bonhomme !! leur radicalisme sera à l'eau de rose. — Mais sans clientèle, ne croyant plus aux pourboires du devoir !!... ils s'adonneront de suite entièrement aux droits de l'homme et à la guérison de notre pauvre pays. Ce jour-là seulement, ils sentent pour la première fois à quoi ils étaient destinés, et entrent avec aplomb dans le rôle que la Providence leur devait. Donnant alors la main aux pharmaciens mécontents sans doute de la santé publique, ils pénètrent ensemble d'un pied assuré dans l'arène politique.

Ce jour-là le médecin devient ce charlatan dont les avis font fureur auprès des masses béotiennes. — Au lieu de ses pilules... l'homme-annonce inonde le pays... de ses professions de foi... et comme le charlatan est toujours le cousin du pitre... il devient naturellement le confident du suffrage universel. — La France livrée aux empiriques... tel devait être le résultat.

---

## POSTES ET TÉLÉGRAPHES.

Je ne crois pas qu'il existe en Europe un service public plus important que celui des *Postes françaises*. — Cependant, au lieu de progresser, il est resté stationnaire depuis pas mal de temps... — Au lieu de mettre à la tête de cette administration... un homme pratique, un organisateur dont la valeur fût acceptée et reconnue, on fait de ce poste de confiance une place politique à donner en pâture au dilettantisme républicain. — Ce qui nécessitait simplement le talent d'un chef de bureau accompli, doit tomber désormais entre les mains d'un homme politique, ou se nommant ainsi !...

A l'époque fortunée que nous traversons, le service n'est pas ce qu'il devrait être... et ne sort pas de l'ornière. L'administration ne sait pas assez profiter des chemins de fer. — Par une économie mal comprise,.. en diminuant le prix des correspondances, des voitures portant les lettres... on retarde en province les arrivées et les distributions. — De là des lenteurs inexplicables...

« La routine est l'ennemi du progrès !! » Voilà une grande phrase que la République a toujours à la bouche... mais qu'elle ne sait jamais appliquer d'une façon raisonnable, et que les monarchies seules... ont toujours cherché à mettre en pratique avec le plus grand soin et la plus profonde abnégation. — Si nous prenons pour exemple l'époque des grandes manœuvres d'automne, jamais les lettres adressées à un militaire n'arrivent d'une façon exacte et régulière... le désordre de ce service est complet.

Quant aux facteurs ruraux, ils conservent dans nos campagnes le même itinéraire qu'il y a quinze ans ! et cela malgré les nouvelles voies ferrées. Ils passent devant une commune peu éloignée de leur bureau et ne la desservent pas!... Tandis qu'un facteur d'un autre bureau lui porte inexactement ses correspondances... après une tournée d'une prodigieuse longueur... d'une grande fatigue pour lui..., retard naturel, organisation impratique dans les distributions quotidiennes.

Je ne veux maintenant ajouter qu'un mot... pour les correspondances télégraphiques. — Là, l'inexactitude est à l'ordre du jour. A Paris, il vaut mieux aller soi-même porter une réponse en ville que de la confier au télégraphe. — On est sûr d'arriver plus vite... et sans craquement de service. Lenteur, omission, manque de correction, coq-à-l'âne, vous trouvez tout cela le jour où vous vous laissez aller aux dépêches télégraphiques. — Une grande réforme est indispensable si on veut sortir de l'*à-peu-près.* — L'Allemagne malheureusement est encore là pour nous servir d'exemple, le travail y est consciencieux et rapide, car chacun apporte au devoir tout ce que notre légèreté et notre satisfaction personnelle octroient à nos droits et à notre flânerie française qui s'adonne aux cocottes en papier... fabriquées par un malin pour amuser le bureau un jour de pluie!

---

## CHEMINS DE FER.

Le peuple français... qui a encore un bourrelet sur la tête... n'est réellement regardé comme un bambin (et traité après tout comme il le mérite) que par les administrations de chemins de fer. — Aussi pour ces marmots payants on se gêne peu... Les salles d'attente mal closes remplacent le collége... et les différentes classes, où les banquettes seules changent d'étoffe, représentent bien la salle d'étude, ou de concours. — Forts en thème! voyageurs du commerce des aspirations politiques!!! la gare peut leur servir d'expression!! Ici ou là! chacun veut arriver bon premier à la porte du quai. — Le cri agaçant de l'employé galonné, qui annonce le départ d'un train par cette formule : « *Messieurs les voyageurs en voiture*, » n'est au fond que le signal d'une course folle... où la 3e classe bouscule la 2e et la 2e la 1re... tous ayant l'espoir de se tromper « par hasard » de catégories !! et de portières !! Voilà ce qu'en France on nomme partir en voyage.

Il est vrai de dire que les 1res classes sont insuffisantes et que les compagnies vous entassent dans des caisses comme des sardines de Nantes... il n'y manque que le sel. — Les 3es sont glacées, et les jours d'hiver, les pauvres enfants qu'on y aperçoit sont violets... — Maintenant, ne cherchez jamais à traverser la France en diagonale, vous deviendriez l'esclave des bifurcations... — Dans ces pérégrinations... on change seize fois de voiture par jour, et on perd... dans les gares, des heures précieuses et considérables... Là où se trouvent les buffets... on s'arrête rarement à l'heure des repas, et en tout cas d'une façon absolument dérisoire. — La grande perte de temps se fait en route... et prive le voyageur de la possibilité de manger... sans étrangler.

Le monopole a nécessairement détruit la politesse, cet assaisonnement indispensable aux réussites commerciales. — N'étant plus reconnu d'utilité publique !!... on l'a mise de côté... Le monopole a aussi supprimé les express de jour sur certaines de nos lignes. — Tant pis pour les habitués peu privilégiés de cette ligne-là. — Tant pis aussi pour celui qui n'a pas de monnaie au guichet de départ. — J'ai vu une vieille dame n'ayant sur elle qu'un billet de 500 francs... voulant quitter Paris en toute hâte pour aller retrouver en province une fille mourante... à qui on refusait une *place* de la façon la plus grossière... Le hasard m'ayant fait assister à cette scène grotesque, je me suis interposé, et grâce à une attitude énergique, j'ai pu faire partir... cette dame en sifflant les acteurs de la compagnie. Une autre fois c'est un de mes amis qui sur la ligne de l'Est se trouve avec un fou... il veut le faire sortir du wagon, s'adresse au commissaire d'une grande station. — On daigne à peine lui répondre et les employés ne font rien; il déclare alors que si en route, le personnage qui se trouve dans sa caisse recommence ses procédés douteux de fou ou d'insolent, il se fera justice lui-même — et finit enfin le voyage... son revolver sur les genoux...

Ajoutez à ceci une grande inexactitude dans la distribution des colis au factage, une sécurité très-relative... due aux économies faites sur les aiguilleurs!... un éclairage déplorable dans les trains en marche... un manque de comfort complet... vous m'avouerez que dans de pareilles conditions... le pauvre voyageur se prépare une série de désagréments, lorsqu'il se confie au monopole des chemins de fer. Les compagnies se contentent d'exécuter la moitié d'un cahier des charges... qui lui-même n'est qu'un *à-peu-près*... Mais comme le Français accepte tout lorsqu'on le veut bien, elles auraient bien tort de changer leur répertoire !!...

---

## LA VIE SOCIALE. — L'ÉLÉGANCE
## LE MONDE DE PARIS

Nous avons déjà parcouru bien des coulisses, traversé plus d'un foyer !... coudoyé plus d'un histrion, nous arrivons maintenant à la partie la plus importante de la troupe... devant ce chœur antique qu'on nomme le *monde*... comme si le reste du globe n'existait pas !... Masses chorales quelquefois dramatiques... généralement plutôt comiques... mais qui deviennent toutefois, pour la *parade*... ce que sont les *jus* (comme fond de cuisine) entre les mains d'un habile maître-queux.

Le monde... le monde de Paris... en résumé n'existe plus !... je ne veux, bien entendu, m'occuper que de celui qu'on nomme la *bonne compagnie.* — Et si on en parle encore, en dehors des ramifications sans nombre qui cherchent à l'imiter sans succès!!... ce n'est pour ainsi dire que pour mémoire. — La hache révolutionnaire, l'éparpillement des fortunes, tout l'a divisé en parties infinitésimales!!! et cette grande aristocratie française qui n'a vécu que de gloire!... est condamnée à végéter actuellement, perdue dans de stériles souvenirs. Bataillon sacré!! devant lequel on doit se découvrir! et qui, malheureusement, se fond chaque jour... sans pour cela, hélas! en serrer davantage ses rangs clair-semés! Et le peu qui en reste... se sentant sans doute étouffé sous la tourbe des nouvelles couches... n'a pas su se retirer à temps pour mourir dans un coin, laissant la *grande scène* aux *forains* de l'école moderne.

Aussi, n'étant plus entendue par-dessus la rampe, la petite cohorte... a voulu augmenter ses sonorités... alors, pour cela, elle a dû recourir nécessairement à des surnuméraires!... gens... qu'elle n'aurait jamais dû connaître... et ce qu'il y a de plus bouffon... néophytes plus ou moins bien reçus!!! Les deux côtés sont mécontents... on n'en est plus à compter les fausses notes!... de ce concert inharmonique.

La fortune n'étant plus restée entre les mains de cette vieille société française... elle s'est étendue un peu partout... Les fractions ne sont pas les sommes!!... on peut les nommer les ébrèchements de la vie réelle... comme le monde actuel provient des miettes de la bonne compagnie... Paraître, éclabousser, voilà l'unique pensée... Truffes du Périgord, ou morceaux de bouchons noircis, si c'est accepté, si ça passe!!... le succès est le même. Les maisons sont bâties à peu près, le service est à l'avenant. « *Mes écuries,* » dit-on!... avec un seul cheval *anglais*... de la plaine de Caen!... le même qu'on nommait *Coco* en 1830... et qui doit conduire madame au bois... comme une cocotte de la rue de Maubeuge... — Drôle de famille... du reste, que celle de 1878!! Qu'elle ait un ou plusieurs chevaux, qu'elle soit servie par une servante ou dix valets, il n'importe!! C'est la même chose... — Un des anneaux de la chaîne qui rattachait les classes inférieures à l'aristocratie de sang et de gloire... et que les siècles sanctionnaient, s'est rompu depuis la révolution de juillet... Le fils du *garde* dont la famille était chez vos parents depuis plusieurs générations, a voulu, lui aussi, monter sur les planches : il doit être notaire... chef de gare... ou professeur de l'École normale... — l'héritier de votre cuisinier devient architecte... et vous avez une génération entière honteuse de son *point de départ*, détestant des parents... dont elle est humiliée, et cherchant à se *faufiler* avec des noms d'emprunt, ou des situations de charité et de grâce.

« Gens parés de titres faux
« Qui ne sont nobles qu'aux eaux... »

m'écrivait jadis de Bade un de mes amis!... Espèce hybride... qui fait ou se sert des révolutions... pour ne plus pardonner à la société... son origine obscure, mais le plus souvent honorable. — Titans qui luttent contre une hiérarchie... qui d'abord privée de titres a pu ensuite tomber sur l'échafaud... mais dont la force morale... ne sera jamais entièrement détruite... tant qu'il y aura une *France!!!* dont elle est la clef de voûte, le soutien, et l'espoir!...

Actuellement le père, la mère, les fils, la fille ou les filles d'une même famille!!... se détesteront à plaisir!... et n'offriront que l'apparence de ce qu'ils devraient être entre eux. Vous ne trouverez plus comme barrière infranchissable l'autorité indiscutée du père imposant sa volonté ou dictant ses opinions!!... Il est vrai de dire que l'obéissance et le respect étant maintenant chose inconnue!!... il aurait bien tort d'insister, on trouverait cela du dernier mauvais goût.

Un père peut être légitimiste, un des fils républicain, l'autre bonapartiste, sans que cela nuise à l'harmonie relative.. On vit... ensemble!!!... on se dispute!! on en arrive même aux gros mots! et rarement ces gentillesses ont une importance assez grande pour troubler le pacte intérieur. Et cependant, de nos jours, il n'est pas de limite à ce que je pourrais nommer : *l'art de s'engueuler en société.*

Je dois ajouter, en outre, qu'aujourd'hui les opinions se portent sous le gilet comme un détail de toilette!! ce sont les *bretelles brodées* du premier amour. Les discours, les professions de foi se donnent la joie de s'étaler... à l'aide de plus ou de moins de bave... mais comme les convictions sont plus que tièdes... et dépassent rarement le point où les passions et les fidélités commencent... la famille (ou le semblant de famille) se maintient à son étiage ordinaire, et marche à peu près... sans grandes secousses. C'est tout ce que la société moderne lui demande.

Après cela... où aller chercher le ressort et l'élan!! Il est donc tout naturel qu'ankylosé, encadré... dans une série de rengaines dont la base première repose sur tout ce qu'il y a de plus faux et de moins humain, ce qu'on est convenu de nommer le monde actuel ne connaisse même plus le *plaisir*. L'esprit de causerie!! où peut-il trouver place!... sur une scène de blagueurs et un parterre de blagués!!! dont la principale préoccupation est de défiler sans cesse devant le miroir des satisfactions personnelles, sans jamais s'arrêter une seconde. — A l'heure présente, on n'a plus le temps d'ouvrir ses moyens... et de dépenser ses réserves!...

Préoccupé... avant tout de la grande parade, le costume joue un rôle prépondérant dans la vie actuelle, et la toilette... qui jadis ne *faisait* pas le *moine*, devient indispensable pour en fabriquer un. Il faut être à l'anglaise... c'est le goût du jour... — Rarement, il est vrai, cela réussit à nos jeunes gens!! Les grosses joues françaises... et les tailles épaisses qui font ressembler la plupart de nos gommeux à des toupies, se prêtant peu à ce travestissement d'outre-mer. Quelques *ulsters*... résistent sur des dos parisiens... Mais en réalité... M. de Boufflers... avait meilleur air avec le nœud d'épaule brodé par M^me^ de Sabran... et son épée qu'il portait *en verrouil!*... Et puis, au fond, les Anglais rient beaucoup!! de nos imitations britanniques.

En France, lorsqu'on porte du *home-spung*, il faut, à ce qu'il paraît, y joindre le *cant insulaire*... et comme ils ne saisissent pas la valeur de ce mot, mes chers compatriotes ont cru en comprendre le sens en se renfermant dans le mutisme stoïque... d'un Pied-Noir... ou d'un Sioux qui voit pour la première fois un chemin de fer... ou un tour de Robert-Houdin!!

Le jeune *éreinté* de l'époque actuelle ne doit être surpris de rien!! Le programme exige qu'il foule aux pieds papa, maman, la famille, la religion, le cœur, les aspirations poétiques... le sentiment qu'on éprouve devant les merveilles de la nature. Il faut qu'il traite les femmes sous la jambe! Le chauvinisme!!! qui fait de Pitou un héros !!! devient pour lui un cliché. Rien ne doit l'émouvoir!!... du moins il est nécessaire qu'on n'aperçoive rien de ses sensations intérieures!!... s'il a la prétention d'être un fort, de plaire à la majorité du club, enfin passer pour un *viveur!* et gagner ainsi ses éperons, en recevant ce diplôme de l'homme élégant moderne.

Sa maîtresse sera comme son cheval, un complément de l'ensemble... il la prendra âgée... toujours l'à-peu-près... c'est plus commode! et c'est l'usage actuel... *la vieille garde se rend et ne meurt pas...* Elle est facile à vivre, néglige la sensiblerie... connaît les ficelles du monde... et cadre absolument avec les statuts obligatoires... que la société cosmopolite du *grand corridor parisien* réclame pour ses adeptes.

Si le viveur se décide à chasser à courre... il ne restera pas à la curée du bon vieux temps, il prendra le train de cinq heures pour rentrer en toute hâte à Paris. L'ancienne camaraderie, qui retenait à dîner les *viveurs* d'autrefois... à la Boule-d'Or... ou à l'Hôtel-de-France de la petite ville... est devenue lettre morte pour eux... A cette époque, on savait rire et causer!... les mains savaient s'ouvrir, se tendre et se serrer!!... On a remplacé cela par quelques petites églises clair-semées, où les manifestations du culte de l'*admiration mutuelle*... ne se font pas pour la masse du public, mais pour un nombre très-limité d'initiés convaincus ou non, mais sérieux!!!... intolérants!!... dénigrants pour les autres!... et peu abordables. — Ceux-là seuls se figurent qu'ils comprennent la camaraderie! parce qu'ils portent sur eux l'encensoir!!!....

Drôle de camaraderie... qui fait filer les gens après une battue, sans même crier gare à la maîtresse de la maison, bien trop bonne de les avoir reçus!!... Drôle de camaraderie, qui fait qu'on ne peut plus inviter personne chez soi sans craindre qu'on ne dise en sortant... « C'était bien la peine « qu'il me fasse venir pour tuer un lapin, et être « *fusillé* par son gargotier. » — Jadis le lapin et le dîner étaient la dernière chose à laquelle on pût penser lorsqu'on était reçu en bon camarade!! chez un ami!!... Mais dans le *foyer*, de ce coin de la troupe... la tradition scénique veut qu'il en soit ainsi.

Ne parlez pas d'intimité aux étoiles du genre!!... et puis où la trouver? — Le club l'a remplacée en devenant une gare où l'on oublie même de se saluer, tant on est arrivé à se coudoyer sans se donner le moindre signe d'intérêt. — La vie factice devait donner une santé factice... ce n'est pas en se levant tous les jours à cinq heures du soir... que les rachitiques de l'époque peuvent faire marcher cette frêle machine qu'on nomme le corps humain.

Pour soutenir cette vie de cercles, il faut du luxe... n'importe lequel... celui en ruolz... ou le véritable !!! On veut de l'argent, et alors tous les moyens sont bons, les plus honnêtes comme les plus déplorables !...

L'amour étant relégué aux *accessoires* dont on ne se sert plus, les ménages vont à la diable !... On cherche alors l'étrangère, l'Américaine d'un des deux hémisphères... qui devient l'à-peu-près d'une épouse... avec une fortune... qui rarement est celle qu'on avait annoncée. Le cœur même... dans les questions de galanterie !!! dans les romans d'aventure, devient inutile. Pour l'acteur de primo cartello, — comme rien n'est *senti*, rien n'est *cru*, c'est tout naturel, et tout se passe dans les combinaisons réglées d'avance, — apparences générales!... d'un ensemble moral qui n'est jamais complet et fait fi de la réussite.

L'individualité vaillante ou déterminée ne se trouve presque plus !! C'est l'exception ! — Pour la remplacer, le monde accepte des hommes tarés... ou qui se sont déshonorés par l'apostasie de leurs opinions politiques, en se vautrant radicalement dans la boue!! — Avec l'audace, il le sait bien, l'*acteur* actuel n'est jamais sifflé... car il traite d'égal à égal avec un public qui devrait être son juge... et qui, hélas! n'ose pas!!! Aussi il peut se présenter sur toutes les scènes!!! il sera de toutes les premières, se croira indispensable aux reprises!... et après avoir joué les comparses!... voudra à tout prix dicter au roi des conditions pour s'en faire accroire. — Pour ces rôles-là, les croyances ne servant à rien, on les a supprimées!!!... Les moyens d'existence étant problématiques, la foule n'en recherche pas la moralité!! Et comme elle fait partie de la *grande baraque* à un titre quelconque!! vous la verrez remplie d'indulgence, pour qu'un jour on lui rende la pareille... Ce sont les dessous de la scène... nécessaires à la figuration générale.

Du reste, d'un bout à l'autre du tréteau français, il en est ainsi!!... C'est le bourgeois qui s'achète des ancêtres tout encadrés!! ou s'en commande!... Le hobereau qui joue au grand seigneur... et au lieu de vous servir un bon civet de garde, s'il vit médiocrement, vous empoisonnera avec des plats historiés au beurre fort... dîner sans nom, arrosé d'Argenteuil, versé par un jardinier, cravaté de blanc, Dieu sait comme, pour la circonstance, et qui lance à chaque convive un

« *Retour de l'Inde* » du plus haut comique. On ne sait vraiment pas jusqu'où peut aller l'à-peu-près... en province... Le ridicule ne doit pas tuer en France. C'est un bruit qu'on fait courir !! sans cela le pays n'existerait plus depuis longtemps !

La troupe d'à-peu-près se contente de peu à la campagne... l'auberge est exécrable ou prétentieuse !... la propreté douteuse généralement, les moyens de locomotion presque toujours grotesques !... moitié charrette, moitié voiture où les ressorts sont phénoménaux !... et les coussins des plans en relief. La sécurité publique est absolument insuffisante, et les trois quarts des crimes restent impunis !...

Il est vrai de dire que le chœur des marchands qui chantent famine... manque souvent de bonne foi et hurle faux. Fournisseurs, fournitures... tout l'article de Paris n'a de valeur qu'aux théâtres de féeries pour un nombre très-limité de représentations. Un emploi relativement restreint, l'effet, pour être vu de loin... doivent être attribués maintenant à ce qui devrait durer longtemps. *Mal et vite*... telle est la devise qui semble enthousiasmer le peuple français... il ne s'agit plus de la *Marseillaise*... qui a le don d'exciter la verve républicaine... d'un de nos députés !... l'air national... qu'on réclame, devrait être composé !... avec ces paroles-là.

Sur cette immense scène que nous parcourons, personne ne se connaît plus... les rapports sociaux se perdent chaque jour davantage. — Ne demandant plus d'amitié, on n'en reçoit pas, c'est naturel. Les uns après les autres disparaissent par les *trappes*... sans pour cela arrêter l'*ouvrage*. On se préoccupe peu de savoir s'ils sont tombés sur des matelas... ou sur la tête ! — C'est un simple détail. — Le dévouement, la fidélité amicale deviennent une *balançoire*... (c'est le terme du moment). Et !!... si par hasard il se trouve un cœur chaud, une âme d'élite, un esprit lumineux doublé d'une plume de talent... pour soutenir ce qu'on nomme le sentiment, cet Aubryet-là !!!... sera renvoyé du théâtre... et n'aura d'autres ressources que de se confiner dans un coin, près de la porte, avec quelques autres... pour gémir sur nos pitres humanitaires... qui demandent la croix d'honneur pour... leurs sauts de carpe !!!... tirés du manuel forain !!... du recueil de Nicolet !

Confiance... confidences... tout se fait à moitié... Un jeune homme libre et indépendant ne doit compter que sur lui-même... et ne se croit obligé à rien vis-à-vis de l'âge ou de la situation !... Chacun pour soi et Dieu pour tous !!.. voilà son cri de guerre. Aussi, vous le verrez traiter d'égal à égal... sans hésitation aucune..

l'homme âgé... le maréchal de France... le savant!... ou sa grand'mère... — Sachant tout!! il n'écoute rien... marche dans la vie, au petit bonheur, et ne recherche dans ses semblables... que ceux qui lui donnent un plaisir quelconque. La contrainte des relations avec ses joies douces, et ses devoirs pondérés... ne le captive guère. — Dans la vie moderne, au point de vue de l'éclectisme, du goût, des rapports moraux!... le vieillard de vingt ans n'exige pas *beaucoup* peut-être?... mais il demande au prochain d'occuper n'importe comment son *égoïsme* du moment, ne se croyant jamais forcé, en rien, de rendre quelque chose... ce qu'on fait lui étant toujours dû.

Nous nous trouvons donc partout vis-à-vis de l'à-peu-près le plus complet!... cet à-peu-près qui est devenu la ruine du *réussi* depuis son immixtion dans la vie actuelle. — L'à-peu-près, sœur de la parade... cette grande éhontée... grisant la foule de ses excitations frelatées, l'à-peu-près qui confond... ses désirs... avec l'égalité envieuse... et en fait la même chose!!...

Alors, les oripeaux passent de main en main dans des combinaisons qui n'ont rien d'artistique; voilà l'*orgie* de la scène. — Le teint coloré... l'aplomb remplaçant le génie. — Dans la grande pièce à habits noirs, les *gens* acceptés par le club... faisant loi, reconnus comme *Smart*... et n'étant qu'un à-peu-près!! que le public... qui ne juge plus, veut bien applaudir sans comprendre, parce qu'une fois reçus au cercle, après dix ratages... ils blackboulent impitoyablement tout le monde. — Qu'importe si, la hiérarchie rompue, tout s'écroule. Allons!! place!... aux *figurants!*... le talent n'est plus rien... et nous devons assister silencieusement aux boniments que nous débite un semblant de société qui n'est pas encore... devant une société qui n'est plus!... N'est-ce pas là le *chef-d'œuvre* de l'*à-peu-près!*...

---

## LES ARTS

Il est bien naturel... que lorsqu'on joue tous les jours la comédie... les costumes finissent par se fatiguer. — Comme ils s'usent vite, et qu'avant tout il faut paraître et paraître reluisant de dorures ou de clinquant, on doit sans cesse les renouveler. Les accessoires se fanent aisément, et lorsqu'on veut indiquer à la masse qu'on est dans *la peau d'un seigneur*, il faut absolument faire oublier que la rue Bonaparte, ou autre, a recélé jadis vos aspirations politiques dans une mansarde obscure et malpropre.

Aussi, pour se mettre à la portée de tous, l'*Art*... s'est tarifé comme les parapluies du *Bon-Marché*... L'architecture moderne, se mettant dans le ton, a construit des donjons et des tourelles à de vieilles cocottes retirées ou à des clercs d'huissier poétiques... et veinards. — On fabrique actuellement le *château de Clisson* dans un carré de quelques mètres !!... De loin, cela fait de l'effet !!!... C'est ce que demandent tous ces braves gens-là. — Eh ! mon Dieu... pour nous autres, les *gros*, on a bien élevé en l'air cette grande machine qu'on nomme l'Opéra... et semble le produit de vingt plans d'architectes, mêlés ensemble dans un chapeau... tirés à tour de rôle et suivis... comme un semainier au jour le jour. — Bel escalier, façade ratée, couloirs affreux... salle triste, peu claire, sans sonorité ; le bien et le mal, à côté des splendeurs... et des misères !!... qui se touchent. — Rien de suivi, le hasard dans la réussite !!... la chance appliquée aux questions d'art...

Nous sommes bien les hommes de l'époque *Ruolz : Lui et Bourguignon*, voilà les vrais représentants du goût français... L'article de Paris, les imitations... vont de pair avec les peintures actuelles des *impressionnistes.* — Courbet d'abord, puis Manet, enfin Degas... faisant du décor qu'on devrait voir de fort loin... et au télescope !... ou pour mieux dire... pas du tout... La science elle-même semble vouloir s'en mêler en cherchant à imiter le rubis. La pensée première... de ces demi-satisfactions se remue et se noie... dans la recherche absolue de l'*égalité d'apparence*... Chacun la réclame et la veut... Cette poursuite fiévreuse conduit à la destruction des chefs-d'œuvre. Productions et producteurs... n'ont plus le droit d'être ou de faire de l'art... La masse exige des objets qui y ressemblent, sans en coûter le prix.

L'art, qui devrait diriger l'industrie, se trouve réglementé par elle... C'est la charrue devant les bœufs!!!... Le génie humain, lorsqu'il a trouvé des types, ne les dépasse pas. Ceux qui suivent à la suite des siècles ne font que tourner autour. — La peinture en a deux : l'école flamande et l'école italienne... On ne peut impunément sortir de là!!!... Et malgré les chevaux verts... et les femmes bleues... de certains farceurs!! l'œil humain et la poésie de la pensée resteront toujours dans des formes précises et invariables...

L'art ne fraye pas avec la grande comédie actuelle... il ne faut pas le confondre avec le décor... à la détrempe... La photosculpture n'a pas été inventée par Michel-Ange... ce qui prouve une fois de plus que lorsque le goût pur s'éloigne des foyers et des centres... il se fige!!... Sur les tréteaux actuels, on n'y regarde pas de si près!!

---

## AGRICULTURE

L'intermède que je veux crayonner... sera la *pastorale*... de cet ensemble scénique... Ici nous nageons ! dans les essais et l'aventure... Le *phylloxera* chantera son couplet de facture... tout comme un autre... au milieu des terrains fumés à outrance, brûlés, tourmentés... et dont on se sert d'une façon factice... pour faire *vite et mal*, suivant la devise française !! Là-bas, dans ce qui représente la campagne, au fond du théâtre... vous verrez paître des animaux bizarres, informes, pléthoriques !... Il sera peu aisé de reconnaître la tête de la queue... ils vaudront très-cher... c'est possible. — Mais, plus tard, lorsque vous aurez complétement détruit les *races du sol* (celles que la Providence a placées... je pense... avec une certaine intelligence, là où elle les croyait dans de bonnes conditions), vous verrez ce que vous deviendrez !...

Je ne détaille pas, et n'ai guère le temps de pleurer nos races de chevaux détruites à plaisir. —

Le Limousin, les Pyrénées, le Morvan... en savent quelque chose !!...

Si je me retourne d'un autre côté, j'aperçois des collines entières *déboisées !!!* Plaignez-vous après des inondations !... que tout prépare, et que rien ne combat. — Sans cesse, nous nous heurtons à l'à-peu-près... les besoins augmentent, la masse veut jouir... et comme elle n'en a pas les moyens... il faut inventer des productions hors nature... ruiner la terre, comme on fait disparaître les races !!... Malgré cela, le bien-être n'est qu'à moitié satisfait... la bourgeoisie devient insatiable... ce qui fait un ensemble d'à-peu-près... où rien ne trouve plus son aplomb...

Alors... vous inventez... la *margarine*, cet ignoble beurre artificiel... qui détruit la santé, et qu'il est honteux de voir vendre ostensiblement... La falsification des denrées devient un jeu... pour les grands rôles du genre... et vous finirez empoisonné... par toutes les ordures sans nom que vous vous assimilez chaque jour... — Le vin devient un mythe... la *fuchsine* est là... pour imiter les *crus*... et tordre les boyaux !!...

Or, parmi les à-peu-près, il faut avouer que les plus dangereux !! sont ceux... qui viennent si impudemment troubler l'organisme humain!! Il me semble... que dans l'ordre immatériel, il y avait amplement assez pour le bonheur de la France républicaine.

## LITTÉRATURE — JOURNAUX BROCHURES

Ceci est la bibliothèque du théâtre... et il faut y entrer... car de tout l'établissement, ce n'est pas la partie la moins intéressante.

Passons de suite à l'officine... c'est là où se bâclent... toujours à la hâte, et au petit bonheur... ces feuilles quotidiennes qui n'ont rien à faire avec les belles-lettres !!... et se moquent du goût. — Ici la forme préoccupe peu... la boutique est tout... Il y a cependant la grande et la petite... La grande, pour la plupart, trompe sciemment l'esprit politique du pays !... l'autre suscite les envies, les petites passions , fait de l'histoire tronquée, l'habille ou la déshabille à sa fantaisie, et vit du scandale, sans savoir si elle détruit ou non le bonheur d'une famille. Le mal qu'elle peut faire, elle l'agrémente et le pare en amusant. Cette petite presse n'est ni si bonne... ni si perverse qu'on peut le croire... Généralement ses couleurs sont à la colle, tant pis pour ceux qui les croient à l'huile... Les talents vont à l'unisson, et les réputations *d'admiration mutuelle* qu'on se fait avec vénération dans cette petite église de carton... n'ont pas plus de consistance... que la mousse du *bock* qui sert aux baptêmes des néophytes... à la brasserie du coin.

La France étant censée avoir donné tout son sang!... pour refouler l'étranger... on l'a remplacé par de l'encre!!... Parler, surtout écrire... voilà avec quoi on doit régénérer le peuple français.

Nous avons alors pour ça tout un assortiment de brochures à bon marché, grande largeur et bon teint... C'est EUX qui le disent. Les pauvres travailleurs... qui s'adonnent aux choses sérieuses... les clair-semés... sont relégués à l'arrière-plan... ils piochent pour les satisfactions internes de la conscience... et fort heureusement pour eux!... ne connaissent pas l'escalier qui conduit aux coulisses et de là à la scène.

Si nous passons dans une autre salle des combles... nous trouvons l'atelier des revues soi-disant littéraires, devenues une tribune politique... où le *doctrinarisme* à la Coppet trône à bon marché... Vous y lirez tout, excepté ce qu'un esprit sain recherche dans le repos de la lecture.

— Ces tristes revues... me rappellent ces instruments orthopédiques, avec lesquels on emprisonne la jeunesse de malheureux patients qui s'en passeraient tout à fait, en acceptant de ne pas absolument ressembler à l'Apollon du Belvédère.

Maintenant, si nous regardons de près... le matériel de la pensée écrite... vous trouverez des caractères d'imprimerie déplorables... du papier, des reliures... qui feraient rire de pitié le XVIIIe siècle tout entier. — Ah! que nous sommes loin des Estienne, des Elzévir et des Pasdeloup... Ces grands acteurs ne pourraient pas supporter de voir les doublures qu'on emploie actuellement se vêtir de leurs anciens et superbes costumes, et prendre avec aplomb... leur lieu et place vis-à-vis du public silencieux.

Mais les collectionneurs qui leur ont fait des palais!.... les gardent comme des pieux trésors et, détournant la tête... du *Mezzo termine*, se consolent dans la muette contemplation du réussi le plus complet.

---

# LE THÉATRE

Le théâtre... dans le théâtre... Voilà le point spécial, dont cette fois nous aurons à nous occuper... Il est naturel qu'au milieu de l'orgie française, dans l'immense *Closerie des Lilas* où chacun, à tour de rôle, tient à faire le *cavalier seul*... le théâtre soit peu à peu descendu de son niveau et de ses attributions. — L'Opéra-Comique (qui n'est plus l'opéra-comique) a seul conservé, peint en haut de sa toile, le « *Castigat ridendo mores* » des temps meilleurs... sans y attacher, toutefois, la moindre importance...

Paris... qui conduit le branle!... et donne le goût à la province, fait fi des pièces sérieuses, la saine littérature n'est plus à l'ordre du jour... Il faut rire d'abord! s'amuser, se distraire, et si par hasard *Patrie*... ou *la fille de Roland*... préoccupe quelques semaines!... cela prend simplement les proportions d'une protestation... réputée de bon goût... et qui marche de pair avec l'apparition d'une robe nouvelle de *Worth* ou de *Pingat!!!* La masse, qui remplace actuellement les délicats, préfère *le Chapeau de paille d'Italie.* Anciennement, on travaillait pour arriver au théâtre... on était entraîné par l'idée, et le talent vous faisait réussir. — Aujourd'hui, une pièce est faite à bâtons rompus pour des acteurs spéciaux qui jouent toujours le même rôle... Vingt-cinq pièces... ont été fabriquées sur *le Chapeau de paille d'Italie*, déjà cité. — Le public paresseux s'en contente... il aime rester dans ses pantoufles éculées!!...

D'autres auteurs dramatiques!... s'adonnent aux pièces à femmes... c'est le tour des robes à traînes et des mollets bien modelés... On écrit dans les journaux le nom de la *faiseuse à la mode*, et on détaille les formes de la demoiselle à sensation... ce qui ne peut que lui faciliter ses *affaires commerciales!...*

Il en est aussi parmi les jeunes... qui font de la scène une tribune... pour servir de cadre à leurs haines politiques. — Et l'on trouve des théâtres toujours prêts à jouer les *Jean d'Acier!!!* et à chanter la *Marseillaise!!!!*

Pour quelques auteurs qui ont encore du talent... que de nullités... encombrent nos scènes de leurs détestables élucubrations. Ce sont les camaraderies de café qui forcent la main des directeurs !! Le plus souvent les prêts d'argent, les pots-de-vin, le partage des droits d'auteurs, se mettent de la partie. On fait marcher une pièce avec le numéraire destiné à un autre, et on finit par sombrer... dans de tristes conditions de moralité.

En outre, dans un théâtre, lorsqu'un acteur fait recette (style du jour) et qu'il a une certaine vogue... il est le maître absolu... Le directeur doit plier, l'auteur en fait autant !... et c'est le favori du public qui choisit son rôle, l'arrange !... permet qu'on lise ou qu'on refuse une pièce !... et tranche au hasard sur toutes choses, sous l'influence d'un estomac tranquille ou d'une gastralgie.

Le talent des *jeunes* (comme on nomme ceux qui attendent depuis vingt ans) n'est donc compté pour rien !!! S'ils ne sont pas de la *boutique*, par leurs mauvaises habitudes et la platitude de leur caractère !!!... ils seront mis impitoyablement de côté, et généralement jugés d'avance, sans être entendus. Voilà où en est arrivé l'*Art dramatique*. Et dans de pareilles conditions nous ne devons pas être surpris !!... de la disette des hommes de talent. On passe à côté, car il y en a plus qu'on ne le croit, mais les directeurs sont toujours parfaitement décidés à ne jamais les voir. Le Théâtre-Français et l'Odéon eux-mêmes... donnent la note... et sont naturellement suivis dans bien des occasions par les scènes secondaires.

Une pièce actuellement pour réussir : 1° ne doit pas être longue; 2° il lui faut des décors merveilleux en dehors de l'action; 3° costumes et mise en scène splendides; 4° des accessoires d'un réalisme absolu; 5° des femmes adorables!... de loin... 6° au moins dans l'ouvrage, une ou deux situations *croustillantes*... qui agitent les fauteuils d'orchestre... Mais quant à l'œuvre même, au français parlé qu'on doit écouter... ce n'est qu'un maigre détail... — Nous avons Racine, Molière et Beaumarchais!! dans l'armoire aux perruques!! On sert, en les travestissant, ces antiques débris aux *vieux abonnés*... comme les collégiens offrent une croûte de pain, tous les jeudis, à leur ami l'ours Martin. C'est la part du feu, et la *tradition* des *Français* n'a conservé que cet « *hommage au courage malheureux.* »

Maintenant si nous voulons parler du *Théâtre* en tant que constructions... les places sont odieuses... on y est partout à la crapaudine... l'éclairage est déplorable, la ventilation nulle... la propreté n'existe pas!... les courants d'air sont mortels... Une longue soirée devient un supplice... et, pour mettre le comble à tous ces charmes!... nos salles de spectacle sont si sottement combinées... que si elles prenaient feu pendant une représentation... personne n'aurait la chance de se sauver de l'incendie.

Comme toujours, chaque chose est laissée au hasard!!!... On bouscule la Providence... de par la libre pensée... et le Français imprévoyant semble cependant avoir tout mis entre ses mains... avec une incurie... qui deviendrait facilement de la piété et de la résignation... dans les méditations d'une âme chrétienne... Mais *l'homme indépendant* a une façon d'interpréter ce qu'il ne sait pas!... avec une *conviction d'occasion*, inventée sans doute pour la plus grande gloire des imbéciles.

## THÉATRES DE MUSIQUE

Ici... nous arrivons dans le gâchis le plus complet... les hommes devront relever leurs pantalons et les femmes retrousser leurs jupons, pour traverser les flaques d'eau glaiseuse, que nous essayerons d'enjamber en nous lançant à la recherche de l'*Art musical*... sans même être sûr de retrouver ses traces.

C'est absolument décidé... la France a horreur de la musique... le tambour est son instrument favori (bien entendu sans soldats derrière). — Et c'est avec beaucoup de peine qu'on est arrivé à lui faire ce que les bons bourgeois nomment une *éducation musicale*... à l'aide des crudités chantées qu'on débite chaque soir aux théâtres d'opérette... Offenbach, Lecoq et tant d'autres ont donné les derniers coups de pioche, qui devaient détruire la musique... — Les chansons lestes, sur un mode facile à retenir, les flonflons qui ne coûtent pas plus de peine à ceux qui les font qu'à ceux qui les chantent... tel est le goût musical actuel.

Il ne faut pas se le dissimuler... l'opérette a tué l'Opéra, et l'Opéra-Comique... se trouve entre deux selles, le c... *par terre.*

N'est-il pas très-amusant de penser... que n'importe quel théâtre,... (s'il lui en prend la fantaisie), puisse jouer et chanter une œuvre musicale ? Quelque petite qu'elle soit, si le directeur possède une flûte, un piston ou un violon, il a le droit, et possède toujours le toupet de dire à un vieux comique de sa troupe... qui n'a jamais joué que les *Saltimbanques* ou la *Cagnotte* : « Mon brave... vous allez chanter le rôle du ténor Cartouchio dans la nouvelle pièce. » Songez bien que le pauvre artiste n'a jamais poussé un son. Tant pis, il doit s'exécuter, et d'emblée devient *ténor*, de par la volonté du Directeur.

Ce qu'il y a de plus bouffon, c'est qu'il apprend le rôle, qu'on joue la pièce et qu'elle est applaudie... — Pourvu que l'Ingénue ou la grande coquette possède un mollet agaçant, une taille avantageuse, et qu'elle soit canaille en faufilant ses couplets !... aux fauteuils d'orchestre, le côté musical de l'opérette aura du succès. Ajoutez à cela quelques œillades... bien lancées, du *chien* (c'est le mot) dans les gestes, et l'art de se faire une tête à la Thérésa... vous aurez alors sur la planche... la monotonie pécuniaire... des pièces qui tiennent l'affiche... le temps de la guerre de Troie... la *Belle Hélène*, par exemple !

Le public, épris des calembours... qu'on lui verse sur la tête... écoute à peine l'orchestre déplorable... qui va de pair avec les ouvrages en vogue. Comme généralement il est incapable de les juger, le directeur ne se gênera guère... il supprimera les cors... oubliera les altos et réduira l'Harmonie à sa plus simple expression.

Il faut dire aussi que les musiciens de ces *boîtes* dites à musique... sont payés d'une façon insuffisante. Mais, d'un autre côté, quelle cohorte difficile à guider!... dont le mauvais esprit et l'indiscipline dépassent tout ce qu'on peut rêver.

A l'Opéra et à l'Opéra-Comique... (où ils sont raisonnablement payés... quoiqu'on puisse faire davantage pour exiger d'eux un service *absolument régulier*) les musiciens font malheureusement souvent chorus avec ceux des théâtres secondaires. Leur but est de faire de la révolution sur les pupitres, comme on en fait dans la *rue*. Alors ils déchirent les cahiers de musique avec le bout de l'archet... aiment le mal pour le mal, et se plaisent dans la destruction. Ayant horreur de leur chef, ils cherchent sans cesse à le diminuer, sans jamais être retenus par l'amour-propre de la corporation ! ni en chercher la dignité. — Avant tout, ils vivent dans la haine de l'autorité... Et ces mêmes bonshommes qui, pris à part, ont du talent et sont des gens sérieux, deviennent odieux aux répétitions, imitent le chant du coq, font le chat sur les violons... la souris sur les contre-basses et tâchent de rendre palpables les sons les plus déplacés, en soufflant d'une certaine façon dans les instruments à vent. D'autres dessinent des caricatures licencieuses, dorment... et ne jouent pas au moment nécessaire, se donnent la joie des répétitions du *silence*, ou les troublent par une série de réflexions généralement d'un goût douteux; et lorsqu'ils se décident à jouer, ils le font avec une flagrante mauvaise grâce. Voilà le sort des œuvres nouvelles !... et les gentillesses de l'orchestre brisent souvent d'un coup l'avenir d'un *musicien de valeur* qui méritait mieux.

Le grand malheur, c'est que les musiciens d'orchestre, s'ils ont pour la plupart du talent, manquent souvent d'éducation première. Vis-à-vis d'artistes et de camarades qui joignent la virtuosité à une instruction solide, à une éducation soignée, etqui sont les vrais grands prêtres de la musique, *cette foule au cachet* se sent déclassée... par conséquent devient jalouse et envieuse... Au lieu de monter, de vouloir le mieux en se perfectionnant, elle descend... cherchant le mal partout et le trouvant facilement. Avec de tels éléments, faites donc de l'art consciencieusement. C'est impossible.

Si nous arrivons aux concerts, ils vont à la diable... les répétitions tronquées deviennent risibles... la plupart du temps même on n'en fait pas... chacun commande, personne n'obéit !... et on *sabre la musique* comme un vieux sous-officier de cavalerie boit un verre d'absinthe. Directeurs, compositeurs, chanteurs, musiciens, tout va à la bonne franquette.

Pour nos grandes scènes, le cahier des charges n'est jamais exécuté : les ministres ont autre chose à faire que d'y penser, et si, par hasard, il s'en trouve un ayant la volonté d'agir, la foule dressée et dévouée à l'opérette se chargera de l'écraser.

Du reste, la liberté des théâtres est la principale cause de la démoralisation artistique, il ne faut pas l'oublier... Elle a empoisonné le *goût public*... Il est vrai qu'il reste encore, pour intéresser les siècles à venir, des œuvres comme *Fraises au champagne*, *Pattes d'araignées*, *Langues de chats !*... élucubrations musicales destinées à montrer à ceux qui doivent venir après nous comment le *Bon Tréteau français* comprenait, en 1878, cet art immense qui a produit Beethoven, Mozart, Weber et Rossini.

Art de cœur et d'esprit, qui nous a donné cette pléiade d'hommes nouveaux, Gounod, Joncières, Delibes, Massenet, Saint-Saens, etc... Lutteurs du bon combat qui actuellement sont forcés de jouer du coude pour traverser quand même les cohues indifférentes... Pauvres sacrifiés, que ces mêmes cohues n'acceptent que lorsque Christian est enrhumé, ou Alphonsine tourmentée par sa névralgie.

Avant tout la France réclame les *flons-flons* et les *rengaines*. Elle supporte par hasard *Faust*, *Dimitri*, *le Roi l'a dit*, *Marie-Madeleine*, etc.; mais, bien entendu, lorsqu'on n'a rien de mieux à se mettre à l'oreille... et pour *une fois* seulement, *sais-tu*... comme on dit à Bruxelles. Pauvres musiciens inconnus! allez donc piocher vos partitions pour un public d'à-peu-près... aussi réussi que celui que nous avons l'honneur de posséder. Hélas! si on ne lui donne pas une forte subvention, le Théâtre-Lyrique à venir ne sera encore qu'un *à-peu-près*... ou un encouragement aux aventuriers...

---

## SERVITEURS.

Comme il y a longtemps que Caleb, Scapin, Leporello et La France sont enterrés, le théâtre moderne se contente d'avoir leurs portraits encadrés dans le foyer du théâtre. Le larbin a remplacé tous ces types, et sa complète insuffisance est là pour ne pas faire oublier cet ancien serviteur qui faisait partie de la famille, qui naissait chez vous et y mourait. Il n'y a plus qu'à Rome, au Vatican, qu'on puisse nommer encore la *famiglia* : les domestiques du pape.

De nos jours, le serviteur ne s'intéresse plus à la maison... il ne pleure plus aux désastres de ses maîtres, et ne les sauverait pas de la mort aux époques troublées des révolutions.

Jadis, les domestiques étaient recrutés parmi les fils de nos métayers, en plein dans la saine population de nos campagnes. Élevés par de braves gens, qui *acceptaient* Dieu, le roi et leurs maîtres, les serviteurs de l'époque conservaient les traditions de respect, de dévouement et d'honorabilité. En province, dans les gentilhommières où se maintenaient les vieilles traditions, ils étaient regardés comme les enfants de la maison, et le soir avaient leur couvert mis au bout de la grande table.

Maintenant, tout cela n'est plus!... Les serviteurs que les départements déversent sur Paris, au lieu d'en être la crème, en sont généralement l'écume. Ce sont les paresseux qui nous arrivent, n'ayant qu'une idée : gagner de l'argent, ou le prendre, en faisant le moins de travail possible. Démoralisés par la lecture de la presse empoisonnée, et sans aucun principe, ils n'ont plus la juste *perception des idées d'honneur*, et finissent par croire, de bonne foi, que faire danser l'anse du panier, ou exiger partout de forts pots-de-vin, n'est pas *voler*.

Je me souviens, dans ma naïveté, d'avoir un jour recommandé une place à un domestique sans ouvrage, et qui me répondit ceci : « Mon Dieu, Monsieur, je vous remercie, mais je ne puis entrer dans la condition. C'est une maison sans avenir. »

Actuellement, celui qui gagne 40 francs par

mois fait plus d'ouvrage que celui qui a 100 francs. Règle générale, l'augmentation des gages est toujours en raison inverse de l'exactitude du service. Tout, chez nos serviteurs, marche à l'à-peu-près : la politesse, la propreté, les soins. Fort occupés d'eux-mêmes, d'autant plus exigeants qu'ils mouraient de faim lorsqu'on les a pris, on ne rencontre jamais chez eux ni désir de bien faire, ni reconnaissance.

Obséquieux et plat lorsqu'il craint la porte, le domestique français est le véritable *Bobêche* de la *Scène.* S'il sait lire à peu près, le voilà enflé d'orgueil ; il se croit déclassé et rêve d'être ministre. Arrogant avec les autres, il fait du socialisme de cuisine... lorsqu'on ne le fusille pas derrière les barricades. — En réalité, c'est l'ennemi de tous les jours, l'espion de la maison, le coup d'épingle qui rend odieux l'intérieur, et fait désirer de vivre à l'auberge pour le reste de ses jours. — Ingrat lorsqu'on est bon pour lui ! vous ne trouvez jamais sa corde sensible. *Cinq francs* de plus lui feront quitter votre maison, et la moyenne des domestiques finit à l'hôpital, après avoir couru toutes les places de Paris.

Pour terminer cet écœurant sujet, le *concierge* lui-même ne sait plus borner ses aspirations !... Ce sot personnage, se prenant sans doute au *sérieux*, se met souvent dans la peau du propriétaire, et veut trancher de Turc à More vis-à-vis des locataires. On ne se figure pas les ennuis que ces gens-là peuvent donner, lorsqu'ils ont affaire à des gens timides.

Inintelligents, sales, voleurs!... et se croyant appelés à devenir *députés*... voilà les qualités des serviteurs actuels abonnés aux journaux avancés!... Franchement *Frontin* n'était-il pas préférable, quoiqu'il fût un peu mauvais sujet?... Du moins, il avait beaucoup d'esprit, et savait sur le bout du doigt les usages de la bonne compagnie. — En tous cas, de son temps, ses collègues restaient modestement dans la coulisse... Aujourd'hui, où rien n'est à sa place, ils commencent à gagner les *planches*... témoin un ancien piqueur que bonassement je voulais conserver comme garde, n'ayant plus d'équipage, et qui, se croyant devenu une *nécessité*, me disait naïvement : « Je suis encore assez capable pour faire le *bonheur* d'un jeune maître. »

Anciennement nos vieux serviteurs... croyaient que la récompense venait du dévouement!!! — Mais tout a été changé depuis, et pour le mieux, par la République des émiettements.

---

## LES SATISFACTIONS FRANÇAISES.

Un des grands effets du répertoire!!!... qui doit, sinon empoigner le public, mais du moins satisfaire amplement l'acteur qui s'en sert... est ce cri fameux parmi les fameux : « Ah! qu'on est fier d'être Français en regardant la Colonne! » — Voilà certes le plus joli des *à-peu-près*... Pauvre acteur!... Pauvre colonne!!... Car c'est ce même Français... qui, à l'étranger, sera le plus parfait des à-peu-près, criard, vantard, hâbleur, commis voyageur... faisant blanc de son épée... et insupportable pour tout le monde! N'ayant que l'apparence des sentiments, il ne connaîtra jamais les saveurs du tact. Son respect... n'acceptera jamais... les supériorités ou les hiérarchies, et il tapera volontiers sur le ventre des empereurs et des rois... ne se courbant devant un maître que lorsqu'il mendie... ou quand il subit, conscrit, la crainte salutaire de la salle de police.

Si nous prenons notre compatriote... au sein de la famille... vous ne trouverez plus personne... la *piété filiale* n'existe que sur les gravures en taille-douce : « Le père est un *vieux* qu'on espère bientôt voir *crever*... » il gêne les enfants de sa présence ou de sa tendresse... Dans la question mariage... une timide jeune fille fait entrer à son actif le chapitre des *Espérances*... traduisez... la perspective prochaine d'offrir au futur les cadavres de son père ou de sa mère. . ayant pour linceul de solides obligations.

Plus loin... vous rencontrerez le *monsieur* qui a toujours eu à la guerre un cheval tué sous... son brigadier...

Il en est d'autres... qui en affaires d'argent s'adonnent entièrement au culte de l'à-peu-près...

La question honneur va de pair... c'est tout indiqué... et les membres honorables de certains cercles... trouvent de curieuses différences dans des comptes de jeux... qu'ils sont forcés de régler... sans rencontrer la lumière.

L'abnégation, le dévouement, le sacrifice en amour ou autrement... n'est, à l'heure qu'il est, que le partage des simples et des naïfs... L'homme amoureux ne peut l'être que d'une cocotte... ce sentiment, il l'avoue... c'est la seule faiblesse à effet qu'il puisse offrir à l'admiration mutuelle; mais si l'objet était une jeune fille ou une femme comme il faut, il deviendrait ridicule!!...

Aussi c'est ce même homme qui ira à la Madeleine pour la messe d'une heure... mélangeant sa piété de mode aux convoitises de la chair. — Il attendra tout en bas de l'escalier la descente des belles pénitentes... restant toujours dans l'à-peu-près de l'âme et des sensations.

A l'heure présente, chacun est prêt à répéter et à mettre en pratique le fameux dicton des *Faux Bonshommes : « Il n'y a rien d'écrit. »* — Au fond de sa tanière, l'homme actuel... se dispense d'une politesse qui n'offre pas d'intérêt... la loyauté est mise de côté, les professions de foi politiques servent d'*École du mensonge*... les mots prononcés sont oubliés, lorsqu'on le croit utile... — Ceux-là même... que l'Écriture conserve, deviennent prétexte aux à-peu-près les plus impudents.

La fidélité à la ligne tracée n'est plus du grand théâtre... d'abord la ligne est effacée. On procède par zigzags... Ce qui ne rapporte pas!... comme un *chien d'arrêt*... doit être éliminé de l'esprit ou des actes... Les librettistes à succès trouvent que cela rallonge la pièce inutilement.

Et maintenant, pour en finir des *satisfactions françaises*, nous devons ajouter que dans le drame de 1870... nous avons entendu un chœur trop nombreux chanter à tue-tête et avec succès le fameux : « Nous sommes trahis ! » — 1848 avait déjà trouvé : « *On égorge nos frères !...* »

Ces deux ouvrages se valent, et devraient être conservés avec soin et offerts aux orphéonistes... qui cherchent des morceaux. — Ce que nous devons, hélas ! voir à travers tout ceci !! c'est la préoccupation anticipée... précautionneuse et constante, de couvrir les défections et les lâchetés... à l'aide de hurlements... que le public *de bois*... met au compte du patriotisme. — Le vieux chauvin à poudre disait : « A moi, Auvergne ! » Cambronne a prononcé un autre mot quel qu'il soit... il est en situation. — Le Français du *tréteau*... qui se nourrit de mélodrame... et adore le cabotinage prudent... n'a rien trouvé de mieux... que ce cri de l'Ambigu : « Nous sommes trahis !... » Après cela, il se repose et a le droit, n'est-il pas vrai ?... de s'étaler dans ses satisfactions.

## LES REPLATRAGES GOUVERNEMENTAUX
## AFFICHES, PANTOMIMES, SCÉNARIOS.

Entrons maintenant d'emblée dans le *Répertoire* imprimé du théâtre... décidés... à ne pas être difficiles sur le choix des sujets, ni la valeur des pièces.

Tout d'abord nous trouvons sur la plus vieille affiche... *la Révolution de 1830,* pièce à grand spectacle , avec cocardes et garde nationale... Je vois aux accessoires un parapluie fameux... et je regarde avec curiosité le bancal de M. Prudhomme.

Cette pièce a été jouée par un prince qui s'est laissé faire roi, sans avoir l'air de le vouloir, mais en le sachant... Il l'a été si peu du reste... que les dix-huit années que l'œuvre a tenu l'affiche... ça s'est appelé *la Révolution de 1830*...

Plus loin, j'aperçois au foyer écrit en grosses

lettres : 1848... grande pièce *patriotique* et *populaire*. En lisant le *Scénario*, je vois, à la fin, le populaire et son patriotisme faisant l'émeute de Juin... le prélude de la Commune.

Poursuivons cependant, si vous le voulez bien, la lecture de ces nombreuses annonces : nous verrons, la *Présidence*... à peu près la Royauté, servant de prologue à l'*Empire*, à peu près la Révolution... C'est là qu'on a inauguré pour la première fois, avec feux de Bengale, le grand *divertissement* du *Suffrage universel*... se terminant par une apothéose... avec lettres d'or où l'on avait inscrit : *L'Empire, c'est la Paix!!*...

Voici, maintenant, naturellement, les formidables affiches des Drames militaires impériaux !!... avec les uniformes variés des figurants! Je remarque à l'écart les accessoires du *4 septembre*, qui finit l'ouvrage. Discours, habits galonnés, toques d'avocats, pêle-mêle dans un coin avec des habits de généraux... des larmes d'occasion... et des coins de forteresses.

Nous voilà en présence d'un long programme que la mimique seule a dû expliquer : la grrrande *Parade de la Défense nationale;* l'affiche annonce le *Pas de Clerc*, par M. J. Favre ; l'*Ensemble de l'Hôtel-de-Ville*, par M. Flourens et les gardes nationaux ; *le Final de la Reddition de Paris*, par toute la troupe, que sais-je ? une série de manœuvres chorégraphiques, qui me paraissent rendre bien mal le titre de l'ouvrage : *la Défense!*

Vient alors le *Grand Intermède de la Commune.* On a peint sur cette affiche M. Thiers, pleurant aux genoux de plusieurs généraux ; puis, on le retrouve couronné de fleurs, debout dans un char tiré par quatre lions... de *gueules*... sur un fond *indécis.*

Mais j'aperçois, entre les fenêtres, l'imposante affiche de *la Restauration monarchique ;* en regardant avec attention, je me convaincs que cette pièce n'a pu être mise à la scène, faute d'avoir été répétée avec soin et bonne volonté. Le petit directeur marseillais, d'abord, n'a jamais voulu la jouer, et son successeur, qui me paraît peu versé sur les questions d'art, s'y est pris assez maladroitement pour faire apprendre les rôles à ceux qui avaient la tête dure. Une grande partie du public a été absolument mécontente de cet *à-peu-près...* de la part d'acteurs de mauvaise foi, et bien entendu en a voulu, sinon à l'auteur de la pièce, du moins à son principal collaborateur. C'est là la justice du parterre, dans ce pays de *l'à-peu-près.*

Après avoir parcouru le vieux *Foyer*, où s'entassent les programmes du passé, nous ne devons par négliger celui des Études. C'est là que, sur un beau *papier jaune,* trône avec dessins l'affiche du jour, *le Suffrage universel, ou la République sans le savoir*. Eh bien ! j'ai voulu assister à la pièce, je n'y ai rien compris... Nous y voyons une série d'In Broglio , des scènes de Parlement genre Guignol, des actes entiers représentant des ministres dans l'embarras ! des Figurations d'élections et de mécontentement populaire, et jusqu'à des complots réactionnaires ! sortant sournoisement des coulisses, comme dans *la Fille Angot*. Puis au fond du théâtre, la vue de *l'Exposition universelle,* le Champ de Mars, le Trocadéro, éclairés à la lumière électrique, et tout autour se dressant piteusement, aux yeux d'une foule représentant les étrangers, les *Ruines* des *Tuileries* et de *l'Hôtel de Ville,* mélange extravagant de contre-sens qui s'entre-croisent, et me font espérer que cette pièce, indigne d'une *grande scène*, ne pourra pas tenir l'affiche bien longtemps encore.

---

# LES PANACHES DE L'ÉGALITÉ.

Nous voici redescendus au parterre, c'est-à-dire en pleine France, et ce n'est pas sans peine, aujourd'hui, que nous pourrons nous tirer des flaques de boue où chacun barbote avec joie (dans l'ombre de préférence), afin de se salir à sa guise, pour l'amour d'un à-peu-près qui fait prendre aux Français des chemins de traverse pour la grande route saine et balayée.

Le postulant, le quémandeur, l'intrigant, l'apprenti ministre, la plupart de ces fantoches seront à peu près vêtus, à peu près instruits. Ils craindront à tout prix le grand jour : on verrait trop percer, sous l'enveloppe, le manque complet d'éducation. Tout est *râpé* chez eux, le vêtement comme le moral. Ce sont bien les acteurs favoris de notre époque de *cotes mal taillées*. Pour fort peu, ils diraient à la société, comme Robert Macaire, à l'autorité sérieuse et investigatrice qui lui demandait compte d'un assassinat: « *Embrassons-nous, gendarme, et que tout s'oublie ; que diable, on n'est pas parfait!!* » — Soyez donc surpris, après cela, de voir tous ces choristes marcher vers un avenir indéfini, avec le doux espoir d'arriver à peu près, à l'aide d'un à-peu-près quelconque.

Le jour où il se galonne, le Français devient peu abordable. Il *s'enfle*, s'accepte sans examen. Garde national, il n'y en a pas un comme lui! Diplomate, à cette époque où la diplomatie n'est que l'apparence des responsabilités à prendre, il jouera au Machiavel, et vous n'aurez pas à être surpris de trouver dans son discours, lorsqu'il remettra ses lettres de créance, des tournures personnelles de *moi*, et des accréditements impersonnels de *on*. — Cet à-peu-près diplomatique devait s'innover sous l'œil de l'austère République; il n'a pris garde d'y manquer.

Mais le grand dada, par exemple, du républicain de 1878, c'est le suffrage universel, *l'égalité devant l'urne.* — Immédiatement vous voyez le quart de la population terrifiant les trois autres par des enquêtes, des invalidations, tout l'assortiment des *effrois électoraux.* — Maintenant, ai-je besoin de citer la Chambre des Députés au nombre des à-peu-près les plus complets?... Cette classe, où on travaille si mal, a sa réputation faite, les études y sont très-faibles, et les élèves pour la plupart destinés à en sortir fruits secs. Quant aux *forts* de ce *bahut* (style du temps), les syncopes, les cris, les vociférations et les menaces, se joignent à l'amour de la tyrannie; tout leur semble bon pour montrer leur valeur aux tribunes d'alentour.

Voulant à tout prix jouir et se goberger, ils s'empresseront les premiers d'accuser l'Empire d'appétits qu'ils possèdent au centuple. Vous les verrez condamner leurs électeurs au *brouet noir* antique, ce qui leur paraît naturel. Ils en goûteront même à l'occasion. Puis, laissant aux aspirations populaires le simple ragoût quotidien, abandonnant la troupe aveugle qui les écoute sans rien dire, ils iront se refaire, le lendemain et les jours suivants, au *grand seize* du *Café Anglais*. Là, les menus à 150 francs par tête les consoleront et leur feront oublier l'odeur de l'ail et du beurre rance.

Ces excellents patriotes me rappellent toujours ces gens qui, dans une grave maladie, ne trouvent rien de mieux, pour calmer leur frayeur et apaiser le ciel, que de *vouer leur oncle au blanc*.

Aussi, pour satisfaire le Français, qui, après tout, ne demande que l'apparence des choses, et s'est établi, afin d'éviter un résultat absolu, entre les poteaux de la balance, pour ne pas avoir à se prononcer d'un côté ou d'un autre, je propose une loi ainsi conçue, qui me paraît destinée à contenter tout le monde dans la distribution des *panaches de l'égalité :*

Article 1er.— Tout Français demeurant à Paris et ayant plus de vingt-cinq ans est de *droit* colonel de la garde nationale, avec *brandebourgs et croix.*

Article 2. — Tout Français habitant la province et ayant plus de vingt-cinq ans est *baron* de droit. Passé cinquante ans, il devient *comte.*

Il me semble que ce règlement égalitaire ne peut qu'être unanimement approuvé. Acteurs et *public obligatoire* y trouveront leur compte, comme le théâtre de société, affublé de ses beaux costumes loués à Paris, y a trouvé le sien...

Et dire qu'il y a 1,200 *lions* (c'est-à-dire le génie, la force... l'âme du pays)... pour *trente millions de punaises !!...* Rarement... les grands fauves s'amusent à détruire... ce sont les cancrelats et les termites... qui, à force de patience, font couler les navires...

Voilà où nous en sommes cependant... à la merci de la tyrannie d'une majorité de hasard... — Pendant ce temps... le firmament se rembrunit sur nos têtes... et suivant l'heureuse expression du maréchal Canrobert... cette grande figure... que l'ingratitude laisse dans l'inaction : « Le *Gaulois* moderne... n'a rien de plus pressé, lorsqu'il sent venir l'orage, que de démonter son *paratonnerre*... » Quel à-peu-près !!...

Mais non!! cela ne peut être!!! ce n'est pas possible... la France ne doit pas périr!!... et ce sera le plancher pourri du grand tréteau... qui s'écroulera un jour, entraînant, avec lui, masques et pantins !!...

Aveugles que nous sommes, si cependant nous regardons au delà des frontières... nous nous apercevrons bien vite que les *Français* seuls restent *cabotins*.— Les autres peuples sont *public*... — En Italie, ils enterrent leur roi... dans la pompe des larmes, et s'agenouillent pieusement devant la dépouille du Souverain Pontife. — Et en Espagne, par un contraste qui plaît souvent à la Providence!... vous verrez toute une nation acclamant le cortége féerique... du mariage de son souverain. Un grand acteur... pour... un pays!... le peuple en masse... pour courber la tête... en signe de douleur... ou applaudir à tout rompre pour marquer son allégresse !! Quelles leçons de mise en scène... pour notre immense troupe comique dont tout le monde veut être!!... Quelles pièces !... à côté de nos parades funambulesques...

## ON VA COMMENCER !!

Nous voici arrivés à la fin de notre expédition à travers les coulisses, les dessous et les combles du théâtre... actuel. — Acteurs, costumes, décors... tout a été vu... *vite* peut-être ; et c'est ce qu'il y avait de mieux à faire... en tout cas... le plus consciencieusement possible. — Nous avons assisté à des exécutions grotesques... ou déplorables... et... il est temps, je crois, de quitter la scène.

Si on s'étonne que je ne me sois pas occupé des Célimènes ou des soubrettes de la baraque, c'est que si... je m'étais laissé aller à l'*étude des vestales de l'à-peu-près*... un volume in-folio n'aurait pas suffi... pour traiter la grande question de l'*éternel féminin*. — Tout ce que la France possède d'encre... ne nous conduirait pas jusqu'au bout.

A toute chose il faut une *conclusion :* la voici donc, je pense, *telle* que les esprits sensés... doivent la voir. La France... la vraie... celle qui a fait le pays... celle qui le sauvera encore... en un mot le public conservateur... et vraiment libéral... le *propriétaire*, le *fermier*, le *prêtre*... ces trois types différents... commenceront bientôt à se lasser du rôle de spectateurs muets, car, tout comme les invités du théâtre de société... ce sont les *seuls* qui soient restés debout au milieu de l'effondrement social.

Si, au parterre ou au paradis de la comédie actuelle... vous en voyez d'autres... ils font partie de la *claque journalière*, ou nous viennent de l'étranger. — Ceux-là seront toujours prêts à applaudir... nos défaillances... scéniques. — Ils se réjouissent de nos *charges*, sachant combien elles nous diminuent aux yeux de l'Europe.

Quoi qu'il en soit !!! ... La majorité intelligente, la minorité si vous le voulez... il n'importe... en tout cas, l'âme de notre beau pays ne se contentera pas toujours des farces et des lazzis... que des acteurs, improvisant leur rôle, leur débitent, au petit bonheur, dans un français aussi déplorable qu'antipatriotique. — Les oripeaux criards, troués, loués à la journée, et qui ont servi partout, ne suffiront plus longtemps à éblouir ce bon et trop patient public. On est bien fatigué de cet éternel *à-peu-près*... on réclame autre chose... et les intelligences, surmenées... par la matière, ont soif de l'idéal. — Dégoûtées des nullités qu'elles subissent depuis si longtemps !!... elles sont en droit d'exiger du talent...

La réforme nécessaire... deviendra bientôt indispensable. — L'esprit humain... ne peut s'accoutumer au *désordre réglementé*... il tient à revenir au *grand répertoire*... sanctionné par les siècles. Brisé de fatigue, il veut se reposer des troubles et des inquiétudes qu'on lui offre chaque jour !!!... Il cherche les béatitudes de l'harmonie et repousse l'énervement de la grosse caisse et des cymbales.

L'élite de la France... ceux qui comprennent la liberté avec les épanouissements du cœur et non avec les jouissances de l'égoïsme... ont percé à jour, depuis longtemps, la troupe du roman comique... — Bientôt on redemandera partout Talma et Duprez... Sully et Colbert...

Notre chère patrie... jetant au vent les débris du tréteau... revendiquera alors à la tête de la France... un directeur de valeur. — Le pays tout entier... sera *public*, et au lieu des planches, il aura pour parterre... le sol de la vieille Gaule. — Ne regardant plus au temps pour faire le bien, le directeur choisira sa troupe... elle sera peu nombreuse, mais d'élite... Les maquillages seront abandonnés!... Chaque chose aura sa situation. Les pères nobles ne seront plus joués par des huissiers du village voisin. Thérésa et Popol ne feront peut-être jamais partie du nobiliaire français. — Mais ce jour-là, le vrai mérite trouvera facilement sa place au grand soleil, et tiendra en main des *parchemins* inattaquables et que le vrai *patriotisme* acceptera avec joie.

Plus d'amateurs alors!... plus d'*essais!!*... On sait ce que ce mot veut dire, dans toute sa fausseté. — Les consciences mécontentes... rechercheront le calme... comme elles aspirent après la *vérité*.— Les *faisceaux* sont l'emblème de l'unité des puissances... et les rayons incandescents... se refroidissent à leur extrémité... dans l'élargissement de leurs angles. — Aussi, chacun s'unira pour aider à la réunion des *forces*... au lieu d'assister tristement, comme aujourd'hui, à ses éparpillements.

Tout ce qui maintenant réfléchit et pense... est dégoûté de l'*à-peu-près*. — Les chandelles romaines et les pétards de la République... se sont trop humidifiés dans un bourbier... souvent sanguinolent, pour avoir la prétention... d'illuminer notre belle terre française... — Ce qu'il lui faut pour la réchauffer, c'est une bienfaisante chaleur éclairant ses travaux... lui assurant le calme... dans la tradition de ses gloires.

## AU RIDEAU !!!

Eh bien ce soleil ! où le trouvera-t-il ce Français de la décadence ?... si ce n'est dans la *royauté*, près de ce roi exilé dont la famille a fait la France ce qu'elle était... et qui l'aime de toute la force de son âme ulcérée... non pour les tristes et pénibles satisfactions du pouvoir... mais pour les âpres devoirs du souverain !!... Noble prince dont la nature consciencieuse, ferme et loyale étant à la hauteur de toutes les circonstances et de tous les dévouements pourra seule peut-être sauver le pays. — Ceux qui le craignent n'en veulent pas, bien entendu, ou travestissent ses sentiments... le repoussant — parce qu'il — représente : *la Vérité, le Repos, la Stabilité.*

La tyrannie du nombre, de la nullité, et de la mauvaise foi, tient avant tout à l'*à-peu-près*...

Elle vit de son théâtre et avec son théâtre. — L'eau trouble, où les appétits et les convoitises nagent à l'aise entre *deux eaux*... sera toujours jalouse de la limpidité du fleuve... qui coule majestueusement dans un lit régulier.

Le *roy*... comme... certains farceurs... se plaisent à écrire son nom (essayant inutilement d'en faire un personnage grotesque). Le roi... a donc eu jusqu'ici pour adversaires acharnés tous les besoigneux de cet à-peu-près écœurant qui perd la France... parce que lui! *n'est pas un à-peu-près*... et ses ennemis les plus grands sont ceux qui n'ont ni la conscience tranquille... ni l'esprit équilibré.

Réfléchissez donc cependant! vous tous, les amoureux des places, et des honneurs... vous tous... que la jalousie et l'envie terrassent de leurs griffes empoisonnées!... C'est la royauté... qui peut ouvrir ses portes aux remords, comme aux aspirations vraiment patriotiques, parce que seule elle peut *oublier!* — C'est *elle* qui possède le prestige nécessaire pour refaire une *aristocratie ouverte* (comme en Angleterre), *aristocratie* que la *haine* ou les *colères* de l'*égalité* avaient forcément fermée. — Réfléchissez donc, vous tous... qui n'êtes pas mes frères!!... car, malgré mes appréciations médicales sur votre compte, la maison de France ne vous en pardonnera pas moins en fermant les yeux à la vengeance... Elle le peut, elle le doit... elle le fera.

Et... maintenant, cabotins et hâbleurs... qui tenez aujourd'hui ce qu'on nomme, à la scène, les *grands emplois*... croyez-moi!!!... faites vite *relâche*... il viendra bientôt, ce jour où vous ne ferez plus recette. — Le public vous fera défaut... et si vous insistez trop longtemps à jouer devant les banquettes... l'histoire rira plus tard pendant des siècles entiers... des pantalonnades... du *Théâtre de l'à-peu-près*.



FIN.

# TABLE DES MATIÈRES



---


IMPRIMERIE D. BARDIN, A SAINT-GERMAIN.

www.ingramcontent.com/pod-product-compliance
Lightning Source LLC
LaVergne TN
LVHW020338230826
846091LV00003B/928

* 9 7 8 2 0 1 3 4 5 0 1 5 7 *